AS LEIS MORAIS

Rodolfo Calligaris

AS LEIS MORAIS

segundo a filosofia espírita

Copyright © 1967 *by*
FEDERAÇÃO ESPÍRITA BRASILEIRA – FEB

15ª edição – Impressão pequenas tiragens – 8/2024

ISBN 978-85-7328-613-7

Todos os direitos reservados. Nenhuma parte desta publicação pode ser reproduzida, armazenada ou transmitida, total ou parcialmente, por quaisquer métodos ou processos, sem autorização do detentor do *copyright*.

FEDERAÇÃO ESPÍRITA BRASILEIRA – FEB
SGAN 603 – Conjunto F – Avenida L2 Norte
70830-106 – Brasília (DF) – Brasil
www.febeditora.com.br
editorial@febnet.org.br
+55 61 2101 6161

Pedidos de livros à FEB
Comercial
Tel.: (61) 2101 6161 – comercial@febnet.org.br

Adquirindo esta obra, você está colaborando com as ações de assistência e promoção social da FEB e com o Movimento Espírita na divulgação do Evangelho de Jesus à luz do Espiritismo.

Dados Internacionais de Catalogação na Publicação (CIP)
(Federação Espírita Brasileira – Biblioteca de Obras Raras)

C158l   Calligaris, Rodolfo, 1913–1975
         As leis morais: segundo a filosofia espírita / Rodolfo Calligaris – 15. ed. – Impressão pequenas tiragens – Brasília: FEB, 2024.

         192 p.; 21 cm – (Coleção Rodolfo Calligaris)

         ISBN 978-85-7328-613-7

         1. Kardec, Allan, 1804–1869. 2. Espiritismo. I. Federação Espírita Brasileira. II. Título. III. Coleção.

                                           CDD 133.9
                                           CDU 133.7
                                           CDE 20.03.00

Sumário

Kardec..9

1 As Leis divinas..11

2 O conhecimento da lei natural 15

3 A progressividade da Revelação divina I...................17

4 A progressividade da Revelação divina II 21

5 A progressividade da Revelação divina III................25

6 A progressividade da Revelação divina IV................29

7 O problema do mal...33

8 A responsabilidade do mal...37

9 Os Espíritos podem retrogradar?...............................41

10 Como adorar a Deus?..45

11 A prece..49

12 Sacrifícios...53

13 A lei de trabalho..57

14 Limite do trabalho..61

15	O repouso 65
16	A lei de reprodução 69
17	O aborto 73
18	Celibato, poligamia e casamento monogâmico 77
19	A lei de conservação 81
20	A procura do bem-estar 85
21	A lei de destruição 89
22	O assassínio 93
23	Heliotropismo espiritual 97
24	A pena de talião 101
25	Sociabilidade 105
26	A missão dos pais 109
27	A família 113
28	A lei de progresso 117
29	Terra – instituto educacional 121
30	A evolução da humanidade.......................................125
31	Influência do Espiritismo no progresso da humanidade 129
32	A lei de igualdade 133

33 A igualdade de direitos do homem e da mulher 137

34 A lei de liberdade 143

35 O livre-arbítrio 147

36 Fatalidade e destino 151

37 Como conquistar a prosperidade 155

38 Conhecimento do futuro 159

39 Direito e justiça 163

40 O direito de propriedade 167

41 Esmola e caridade I 171

42 Esmola e caridade II 175

43 As paixões 179

44 O egoísmo 183

45 Conhece-te a ti mesmo 187

Kardec[1]

Lembrando o codificador da Doutrina Espírita, é imperioso estejamos alerta em nossos deveres fundamentais.

Convençamo-nos de que é necessário:

sentir Kardec; estudar Kardec; anotar Kardec; meditar Kardec; analisar Kardec; comentar Kardec; interpretar Kardec; cultivar Kardec; ensinar Kardec e divulgar Kardec...

Que é preciso cristianizar a humanidade é afirmação que não padece dúvida; entretanto, cristianizar, na Doutrina Espírita, é raciocinar com a verdade e construir com o bem de todos, para que, em nome de Jesus, não venhamos a fazer sobre a Terra mais um sistema de fanatismo e de negação.

EMMANUEL

(Psicografia de F. C. Xavier, publicada em *Reformador* de março de 1961.)

---

[1] Nota do autor: Os assuntos desenvolvidos nesta obra apoiam-se em *O livro dos espíritos*, parte terceira, ou foram por ele inspirados.

1
AS LEIS DIVINAS

Desde tempos imemoriais, a Ciência vem-se dedicando exclusivamente ao estudo dos fenômenos do mundo físico, suscetíveis de serem examinados pela observação e experimentação, deixando a cargo da Religião o trato das questões metafísicas ou espirituais.

Com o avanço científico nos últimos séculos, principalmente no XIX, o divórcio entre a Ciência e a Religião transformou-se em beligerância.

Apoiada na razão, e superestimando os descobrimentos no campo da matéria, a Ciência passou a zombar da Religião, enquanto esta, desarvorada e ferida em seus alicerces – os dogmas sem prova –, revidava como podia, lançando anátemas às conquistas daquela, apontando-as como contrárias à fé.

Devido à posição extremada que tomaram e ao ponto de vista exclusivo que defendiam, Ciência e Religião deram à humanidade a falsa impressão de serem irreconciliáveis e que os triunfos de uma haveriam de custar, necessariamente, o enfraquecimento da outra.

Não é assim, felizmente.

O Espiritismo, embora ainda repelido e duramente atacado, tanto pela Ciência como pela Religião ditas oficiais, veio trazer, no momento oportuno, preciosa cota de conhecimentos novos, do interesse de ambas, oferecendo-lhes, com isso, o elo que lhes faltava, para que se ponham de acordo e se prestem mútua cooperação, porque, se é exato que a Religião não pode ignorar os fatos naturais comprovados pela Ciência, sem desacreditar-se, esta, igualmente, jamais chegaria a completar-se se continuasse a fazer tábua rasa do elemento espiritual.

Graças ao Espiritismo, começa-se a reconhecer que o homem, criatura complexa que é, formada de corpo e alma, não sofre apenas as influências do meio físico em que vive, quais o clima, o solo, a alimentação, etc., mas tanto ou mais as influências da psicosfera terrena, ou seja, das entidades espirituais – boas ou más – que coabitam este planeta (os chamados anjos ou demônios), as quais interferem em seu comportamento em muito maior escala do que ele queira admitir. Daí a recomendação do Cristo: *"Orai e vigiai para não cairdes em tentação"*. (MATEUS, 26:36; MARCOS, 14:38.)

Graças ainda ao Espiritismo, sabe-se, hoje, que o espírito (ou alma) não é mera "função" do sistema sensório-nervoso-cerebral, como apregoava a pseudociência materialista, tampouco uma "centelha" informe, incapaz de subsistir por si mesma, como o imaginavam as religiões primevas ou primárias, mas sim um ser individualizado, revestido de uma substância quintessenciada, que, apesar de imperceptível aos nossos sentidos grosseiros, é passível de, enquanto encarnado, ser afetado pelas enfermidades ou pelos traumatismos orgânicos, mas que, por outro lado, também afeta o indumento (soma) de que se serve durante a existência humana, ocasionando-lhe, com suas emoções, distúrbios funcionais e até mesmo lesões graves, como o atesta a psiquiatria moderna ao fazer medicina psicossomática.

Quanto mais o homem desenvolve suas faculdades intelectuais e aprimora suas percepções espirituais, tanto mais vai se inteirando de que o mundo material, esfera de ação da Ciência, e a ordem moral, objeto especulativo da Religião, guardam íntimas e profundas relações entre si, concorrendo, um e outra, para a harmonia universal, mercê das leis sábias, eternas e imutáveis que os regem, como sábio, eterno e imutável é o seu legislador.

Não pode nem deve haver, portanto, nenhum conflito entre a verdadeira Ciência e a verdadeira Religião. Sendo, como são, expressões da mesma Verdade divina, o que precisam fazer é darem-se as mãos, apoiando-se reciprocamente, de modo que o progresso de uma sirva para fortalecer a outra e, juntas, ajudem o homem a realizar os altos e gloriosos destinos para que foi criado.

(q. 614 a 648.)

2

O CONHECIMENTO DA LEI NATURAL

Depois de muitos séculos de desunião, ou, pior ainda, de estúpida e feroz hostilidade recíproca, eis que as Igrejas cristãs começam a perceber a conveniência de colocarem em segundo plano as questiúnculas que as dividem, para darem mais ênfase ao objetivo essencial que lhes é comum: a edificação das almas para o bem, dispondo-se a envidar sérios esforços no sentido de extinguirem, em suas respectivas hostes, o malfadado sectarismo, responsável por tantos males, substituindo-o por um espírito de tolerância e de colaboração mútuas.

Esse nobre movimento constitui, sem dúvida, uma excelente contribuição à causa da fraternidade universal. Não deve, entretanto, parar aí, mas sim evoluir até o reconhecimento de que as demais religiões, embora não cristãs, também são dignas de todo o respeito, pois na doutrina moral de cada uma delas existe algo de sublime, capaz de levar os seus profitentes ao conhecimento e à observância da Lei natural estabelecida por Deus para a felicidade de todas as criaturas.

Ninguém contesta ser absolutamente indispensável habituar-nos, pouco a pouco, com a intensidade da luz para que ela não nos deslumbre ou encegueça. A Verdade, do mesmo modo, para que seja útil, precisa ser revelada de conformidade com o grau de entendimento de cada um de nós. Daí não ter sido posta, sempre, ao alcance de todos, igualmente dosada.

As leis morais

Para os que já alcançaram apreciável desenvolvimento espiritual, muitas crenças e cerimônias religiosas vigentes aqui, ali e acolá, parecerão absurdas, ou mesmo risíveis. Todas têm, todavia, o seu valor, porquanto satisfazem à necessidade de grande número de almas simples que a elas ainda se apegam e nelas encontram o seu caminho para Deus.

Essas almas simples não estão à margem da lei do progresso e, após uma série de novas existências, tempo virá em que também se libertarão de crendices e superstições para se nortearem por princípios filosóficos mais avançados.

Por compreender isso foi que Paulo, em sua Primeira Epístola aos Coríntios (13:11), se expressou desta forma: "Quando eu era menino, falava como menino, julgava como menino, discorria como menino; mas, depois que cheguei a ser homem feito, dei de mão às coisas que eram de menino".

Kardec, instruído pelas vozes do Alto, diz-nos que em todas as épocas e em todos os quadrantes da Terra, sempre houve homens de bem (profetas) inspirados por Deus para auxiliarem a marcha evolutiva da humanidade. Destarte,

> para o estudioso, não há nenhum sistema antigo de filosofia, nenhuma tradição, nenhuma religião, que seja despicienda, pois em tudo há germes de grandes verdades que, se bem pareçam contraditórias entre si, dispersas que se acham em meio de acessórios sem fundamento, facilmente coordenáveis se vos apresentam, graças à explicação que o Espiritismo dá de uma imensidade de coisas que até agora se nos afiguravam sem razão alguma, e cuja realidade está irrecusavelmente demonstrada.

(q. 619 a 648.)

3
A PROGRESSIVIDADE DA REVELAÇÃO DIVINA I

Há uma opinião generalizada de que, sendo a *Bíblia* um livro de inspiração divina, tudo o que nela se contém, "de capa a capa", forma um bloco indiviso, uma unidade indecomponível, um repositório de verdades eternas, e que, rejeitar-lhe uma palavra que seja, seria negar aquele seu caráter transcendente.

É preciso, entretanto, dar-nos conta de que entre a época em que foi escrito o Pentateuco de Moisés e aquela em que João escreveu o *Apocalipse*, decorreram séculos e séculos, durante os quais a humanidade progrediu, civilizou-se e sensibilizou-se, devendo ter ocorrido, paralelamente com esse desenvolvimento, um acréscimo correspondente nos valores morais da Revelação divina, como de fato ocorreu.

Por outro lado, sendo o progresso constante e infinito, essa revelação, necessariamente, também deve ser ininterrupta e eterna, não podendo haver cessado, por conseguinte (como alguns o supõem), com o último livro do Novo Testamento.

Certo, sendo Deus a perfeição absoluta, desde a eternidade, "sempre revelou o que é perfeito" – como lembra um renomado pensador contemporâneo –, "mas os recipientes humanos da Antiguidade receberam imperfeitamente a perfeita Revelação de

Deus, devido à imperfeição desses humanos recipientes, porquanto, o que é recebido, é recebido segundo o modo do recipiente. Se alguém mergulhar no oceano um dedal, vai tirar, não a plenitude do oceano, mas a diminuta fração correspondente ao pequenino recipiente do dedal. Se mergulhar no mesmo oceano um recipiente de litro, vai tirar da mesma imensidade medida maior de água. O recipiente não recebe segundo a medida do objeto, mas sim segundo a medida do sujeito. Na razão direta que o sujeito recipiente ampliar o seu espaço, a sua receptividade, receberá maior quantidade do objeto".

Aos homens das primeiras idades, extremamente ignorantes e incapazes de sentir a menor consideração para com os semelhantes, entre os quais o único tipo de justiça vigente era o direito do mais forte, não poderia haver outro meio de sofrear-lhes os ímpetos brutais senão fazendo-os crer em deuses terríveis e vingativos, cujo desagrado se fazia sentir através de tempestades, erupções vulcânicas, terremotos, epidemias, etc., que tanto pavor lhes causavam.

O sentimento religioso dos homens teve, pois, como ponto de partida, o temor a um poder extraterreno, infinitamente superior ao seu.

E foi apoiado nisso que Moisés pôde estabelecer a concepção de Jeová, uma espécie de amigo todo-poderoso, que, postando-se à frente dos exércitos do povo judeu, ajudava-o em suas batalhas, dirigia-lhe os destinos, assistia-o diuturnamente, mas exigia dele a mais completa fidelidade e obediência, bem assim o sacrifício de gado, aves ou cereais, conforme as posses de cada um.

Era como levar os homens à aceitação do monoteísmo e encaminhá-los a um princípio de desapego dos bens materiais, que tinham em grande apreço.

O Velho Testamento oferece-nos um relato minucioso dessa etapa da evolução humana. Vê-se, por ali, que "o Deus de Abraão e de Isaac" é uma divindade zelosa dos israelitas, que faz com eles um pacto (Êxodo, 34:10.), pelo qual se compromete a obrar prodígios em seu favor, mas que, ciumento, manda passar à espada, pendurar em forcas ou lapidar os que se atrevam a adorar outros deuses (Êxodo, 32:27; Números, 25:2 a 4; Deuteronômio, 13) e, com requintes de um mestre-cuca, estabelece como preparar e executar os holocaustos em sua memória ou pelos pecados do "seu" povo. (Levítico, 1 a 7.)

Por essa época, conquanto fossem, talvez, os homens mais adiantados espiritualmente, os judeus não haviam atingido ainda um nível de mentalidade que lhes permitisse compreender que, malgrado a diversidade dos caracteres físicos e culturais dos terrícolas, todos pertencemos a uma só família: a humanidade.

E porque não pudessem assimilar lições de teor mais elevado, a par das ordenações de Moisés, especificamente nacionais, que tinham por objetivo levá-los a uma estreita solidariedade racial, e regras outras, oportunas, porém transitórias, que servissem para disciplina-los durante o êxodo, receberam, também, a primeira grande revelação de Leis divinas – o Decálogo – que lhes prescrevia o que *não deviam fazer* em dano do próximo.

Chegou o momento, todavia, em que a humanidade devia ser preparada para um novo avanço e...

4

A PROGRESSIVIDADE DA REVELAÇÃO DIVINA II

...Surgiu o Cristo, proclamando: "Sede perfeitos, porque perfeito é o vosso Pai celestial". (MATEUS, 5:48.)

Não fora nada fácil fazer que os homens, contrastando seu orgulho odiento, limitassem seu direito de vingança e, vencendo seu forte egoísmo, se dispusessem a levar seus melhores bens ao templo, para oferecê-los em sacrifício.

Neste novo passo, entretanto, a dificuldade é bem maior: o Cristo pede-lhes que renunciem a qualquer espécie de desforra; que, às ofensas recebidas, retribuam com o perdão e a prece pelos ofensores; e que se sacrifiquem a si mesmos em benefício dos outros, até mesmo dos inimigos!

Para conduzi-los à realização de tal magnanimidade, dá-lhes então uma doutrina excelsa, em que Deus já não é aquele ser faccioso, que faz dos israelitas "a porção escolhida" dentre todos os povos (ÊXODO, 19:5.), mas sim o Pai "nosso", isto é, de todas as nações e de todas as raças, porque para Ele "não há acepção de pessoas". (ATOS, 10:34; ROMANOS, 2:11.)

Ante essa estupenda revelação, desmoronam, diluem-se todas as diferenças do antigo concerto. Já não há judeus e gentios, sacerdotes e plebeus, senhores e escravos. Todos são iguais, porque filhos do mesmo Pai justo e bondoso, que nos criou por amor e quer que todos sejamos partícipes de sua glória.

São frequentes, no Evangelho, as referências do Cristo a essa *irmandade universal*, tão em contraposição ao sectarismo estreito da legislação moisaica. Sirva-nos de exemplo apenas a seguinte narrativa:

> Certa ocasião, quando pregava, foi interrompido por alguém que lhe disse: "Eis que estão, ali fora, tua mãe e teus irmãos, os quais desejam falar-te". Ao que Ele respondeu: "Quem é minha mãe? e quem são meus irmãos?". E, estendendo a mão para os seus discípulos, disse: "Eis aqui minha mãe e meus irmãos; porque todo aquele que fizer a vontade de meu Pai que está nos céus, este é meu irmão, minha irmã, e mãe". (MATEUS, 12:46 a 50.)

Contrariamente ainda à expectativa dos judeus, que sonhavam com as delícias de um reino terrestre, de que teriam a hegemonia, pois a isso se cingiam suas esperanças, o Cristo anuncia-lhes algo diferente – "o reino dos Céus", ou seja, uma vida de felicidade mais intensa e mais duradoura, nos planos espirituais, de cuja existência nem sequer suspeitavam!

Esse reino, porém, não pode ser tomado de assalto, à força. Para merecê-lo, cada qual terá que, em contrapartida, edificar-se moralmente, o que vale dizer, pôr-se em condições de ser um de seus súditos.

Então nos instrui, solícito, no maravilhoso Sermão da Montanha:

> Bem-aventurados os pobres de espírito – os humildes, os que têm a candura e a adorável simplicidade das crianças –, porque deles é o reino dos Céus...

Bem-aventurados os brandos e pacíficos – os que tratam a todos com afabilidade, doçura e piedade, sem jamais usar de violência –, pois serão chamados filhos de Deus...

Bem-aventurados os limpos de coração – os que, havendo vencido seus impulsos inferiores, não se permitem qualquer ato, nem mesmo uma palavra, ou o menor pensamento impuro, que possa ofender o próximo em sua honorabilidade –, pois eles verão a Deus...

Bem-aventurados os misericordiosos – os que perdoam e desculpam as ofensas recebidas e, sem guardar quaisquer ressentimentos, se mostram sempre dispostos a ajudar e a servir aqueles mesmos que os magoaram ou feriram –, pois, a seu turno, obterão misericórdia...

Não resistais ao que vos fizer mal; antes, se alguém te ferir na face direita, oferece-lhe também a outra. Ao que quer demandar contigo em juízo para tirar-te a túnica, larga-lhe também a capa. E se qualquer te obrigar a ir carregado mil passos, vai com ele ainda mais outros dois mil. Dá a quem te pede, e não voltes as costas ao que deseja que lhe emprestes. (Mateus, 6:39.)

Amai os vossos inimigos, fazei bem aos que vos têm ódio, e orai pelos que vos perseguem e caluniam, para serdes filhos de vosso Pai, que está nos Céus, o qual faz nascer o seu Sol sobre bons e maus, e vir chuva sobre justos e injustos. Porque, se não amais senão os que vos amam, que recompensa haveis de ter? Não fazem os publicanos também o mesmo? E se saudardes somente os vossos irmãos, que fazeis nisto de especial? Não fazem também assim os gentios? (Mateus, 5:44.)

Ressaltando a superioridade do anunciado reino celestial sobre as posses e os gozos materiais, acrescenta ainda:

Não queirais acumular tesouros na terra, onde a ferrugem e a traça os consomem, e onde os ladrões os desenterram e roubam;

mas formai para vós tesouros no Céu, onde não os consome a ferrugem nem a traça, e onde os ladrões não os desenterram nem roubam. (MATEUS, 6:19 e 20.)

***

Conquanto estas normas de ética datem de há quase dois milênios,[2] "poucos são os que as compreendem e ainda menos os que as praticam", dizem-nos os Espíritos do Senhor. (q. 627.)

E foi certamente prevendo isso que...

---

[2] N.E.: *As leis morais* foi escrito em 1967.

5
A PROGRESSIVIDADE DA REVELAÇÃO DIVINA III

Ao soar a hora de sua saída deste mundo, Jesus, em colóquio amoroso com seus discípulos, procura confortá-los, dizendo-lhes:

Não se turbe o vosso coração. Credes em Deus, crede também em mim. Na casa de meu Pai há muitas moradas e, pois, vou a aparelhar-vos o lugar. Depois virei outra vez e tomar-vos-ei para mim mesmo, a fim de que, onde eu estiver, estejais também. Se me amais, guardai os meus mandamentos e eu rogarei ao Pai que vos envie outro Consolador, para que fique eternamente convosco. O Espírito de Verdade, a quem o mundo não pode receber, porque o não vê, nem o conhece, vós o conhecereis, porque ele ficará convosco e estará em vós. O Consolador, que é o Espírito Santo a quem o Pai enviará em meu nome, *vos ensinará todas as coisas e vos fará lembrar tudo o que vos tenho dito.*

E após dar-lhes outras instruções, exortando-os à prática do amor universal, conforme o preceito que lhes dera, repete-lhes:

Convém-vos que eu vá, pois, se eu não for, o Consolador não virá a vós, mas, se eu for, vo-lo enviarei. *Ainda tenho muito que vos dizer*, mas vós não o podeis suportar agora. Quando vier, porém, aquele Espírito de Verdade, ele vos ensinará todas as verdades, porque não falará por si mesmo, mas dirá tudo que tiver ouvido e vos anunciará as coisas que estão para vir. (João, 14 a 16.)

Diante disso, como podem as religiões que se fundamentam exclusivamente na *Bíblia* afirmar que têm a posse da verdade total, se *o Cristo não dissera tudo que tinha a dizer*, antes deixou MUITO para ser revelado posteriormente, o que só se daria quando viesse o Consolador?

Ensina a Teologia tradicional que esse Consolador já teria vindo no dia de Pentecostes. Estará certa?

Nesse dia, de fato, foram os Apóstolos influenciados pelas potestades do Alto, que lhes abriram as inteligências e provocaram a eclosão de suas faculdades mediúnicas, necessárias à tarefa que iriam desempenhar. Não se tratava, porém, da realização da promessa quanto à vinda do Consolador, o Espírito de Verdade.

Vejamos por que:

Segundo os textos evangélicos que vimos de transcrever, a missão do Consolador seria "ensinar aquelas coisas que Jesus não pudera dizer, porque os homens não estavam em estado de compreendê-las", bem como "fazer lembrar tudo o que fora ensinado por ele".

Ora, se o Cristo não dissera tudo quanto tinha a dizer, porque nem mesmo seus discípulos podiam, ainda, entender certas verdades, será que, *algumas semanas depois*, já haviam esses mesmos homens alcançado as luzes necessárias à compreensão do que ele deixara de dizer?

Só mesmo quem desconhecesse por completo a natureza humana poderia admitir tal hipótese.

Talvez se diga que precisamente para dar-lhes esse entendimento é que descera o Espírito Santo sobre os apóstolos. Mas basta ler *Atos*, capítulo 2, onde o episódio de Pentecostes vem narrado, para verificar que nada de novo lhes foi dito, nenhum ensino especial lhes foi ministrado nessa ocasião.

A admitir-se ainda que eles tivessem recebido alguma revelação particular, de que as Escrituras não nos dão notícia, então deveriam ter ficado aptos a elucidar todos os pontos dúbios, obscuros ou omissos do Evangelho. Muito ao contrário disso, entretanto, o que se sabe é que a interpretação contraditória dos ensinos do Mestre, desde os primeiros séculos, dividiu o Cristianismo em numerosas seitas, cada uma delas se supondo proprietária exclusiva da verdade, as quais, empenhando-se em lutas impiedosas e cruentas, impuseram à humanidade o sacrifício de milhões e milhões de vidas.

Os cinquenta dias que decorreram da ressurreição ao Pentecostes, assim como não seriam suficientes para dar aos homens os conhecimentos que só podem ser adquiridos a longo prazo, seriam poucos, igualmente, para que houvessem esquecido as palavras do Mestre e se fizesse preciso "recordá-las", tanto mais que, durante quarenta dias, permaneceu Ele cá na Terra, manifestando-se aos discípulos, antes de ascender aos Céus.

Não sendo exato que o Consolador tenha sido enviado no dia de Pentecostes, conforme ficou demonstrado, é de perguntar-se:

Teria ele aparecido em outra ocasião? Quando?

6
A PROGRESSIVIDADE DA REVELAÇÃO DIVINA IV

Se atentarmos bem para estas palavras de Jesus, ao anunciar o Consolador: "para que ele fique eternamente convosco, e estará em vós", não há como deixar de reconhecer – di-lo Kardec – que isto não pode aplicar-se senão a uma doutrina que, quando assimilada, pode permanecer para sempre conosco, ou em nós.

O Consolador, assim, personifica uma *doutrina eminentemente consoladora*, que, na época oportuna, viria trazer aos homens as consolações de que iriam precisar, pois não as encontrariam nas religiões materializadas erigidas à sombra da cruz.

Com efeito, tais religiões, desvirtuando completamente os ensinamentos do Cristo, transformaram-nos num amontoado de dogmas esdrúxulos, incompreensíveis e falsos que, por não falarem à inteligência nem tocarem o coração dos homens, acabaram levando-os à descrença, ao materialismo e, consequentemente, ao desvario.

Essa nova Doutrina só pode ser o Espiritismo, porque só ele, em seu tríplice aspecto de ciência, filosofia e religião, possui condições para realizar todas as promessas do Consolador.

Ao mesmo tempo em que explica e desenvolve tudo quanto Jesus ensinara por parábolas ou em linguagem velada, dá ao homem o conhecimento exato de si mesmo, "de onde vem, para onde vai e por que está na Terra", coisas que não puderam ser reveladas antes, porque os tempos não eram chegados.

Sim, "jamais permitiu Deus que o homem recebesse comunicações tão completas e instrutivas como as que hoje lhe são dadas." (q. 628.)

Às ideias vagas e imprecisas da vida futura, contidas no Evangelho, acrescenta agora o Espiritismo a demonstração palpável e inequívoca da existência do mundo espiritual; desvenda-nos "as leis que o regem, suas relações com o mundo invisível, a natureza e o estado dos seres que o habitam e, por conseguinte, o destino do homem depois da morte", destino esse feliz ou desgraçado, não por se haver crido desta ou daquela forma, mas segundo o grau de pureza e perfeição adquirida. Com isso, aviva a crença, dá-lhes um seguro ponto de apoio, desfazendo a dúvida pungente que pairava em torno da sobrevivência.

Por ele ficamos sabendo, ainda, que todos os que se amam podem reencontrar-se no Além, porquanto não existem abismos intransponíveis a separar-nos definitivamente uns dos outros. Nem mesmo aqueles que se comprometeram seriamente com a Justiça divina ficam esquecidos. Assim como aqui na Terra há criaturas abnegadas e generosas que se dedicam à tarefa de amparar os que se aviltaram nos chavascais do vício e do crime, salvando-os da degradação, também no mundo espiritual há seres bondosos e devotados cuja missão é socorrer as almas infelizes, guiando-as no conhecimento de Deus.

O Espiritismo veio revelar-nos, também, que não há culpas irremissíveis nem penas eternas; que o sofrimento pode ser vencido pelo arrependimento sincero e a devida reparação dos males cometidos, por via da lei das vidas sucessivas, lei sublime esta, que esclarece, com uma lógica irretorquível, todas as aparentes anomalias da vida terrena, quais as diferenças de aptidões intelectuais e morais, as desigualdades de sorte e de posição social, as enfermidades e os aleijões congênitos, as mortes prematuras, e quantos problemas possam ser levantados, no tocante ao ser, ao seu destino vário e às muitas dores que o excruciam.

Que amplitude dá o Espiritismo ao pensamento do homem! Que vastos e esplêndidos horizontes lhe descortina com a revelação de que a vida nos planos espirituais e a vida corpórea são dois modos de existência, que se alternam para a realização do progresso. Longe de ser um punhado de argila que se agita, hoje, para voltar, amanhã, ao seio da mãe natura, é o homem um ser imortal, evoluindo incessantemente através das gerações de um determinado mundo, e, em seguida, de mundo em mundo, até à perfeição, sem solução de continuidade!

Ensejando tão alta visão das coisas, a Doutrina Espírita faz que o homem empreste menos importância às vicissitudes terrenas, assim como, pela perspectiva de felicidade que lhe mostra, ajuda-o a ganhar paciência e resignação nos mais duros reveses, infundindo-lhe a necessária coragem para prosseguir, sem desfalecimento, até o termo de sua longa mas gloriosa jornada.

Destarte, pelos novos cabedais que dá ao homem; pela fé inabalável que lhe comunica; pelas consolações que lhe oferece em quaisquer circunstâncias da vida; e pela radiosa esperança com que o faz encarar o futuro, o Espiritismo é, de fato, o verdadeiro Consolador.

***

Talvez nos indaguem:

Se a manifestação das Leis divinas é ininterrupta e eterna, como foi afirmado no primeiro capítulo desta série, o Espiritismo, a seu turno, não está fadado a ceder lugar a uma outra grande revelação, superior à que ele nos trouxe?

Responde a isso o próprio Kardec:

Entendendo com todos os ramos da economia social, aos quais dá o apoio das suas próprias descobertas, (o Espiritismo) assimilará sempre todas as doutrinas progressivas, de qualquer ordem que sejam, desde que hajam assumido o estado de *verdades práticas* [...] caminho de par com o progresso, o Espiritismo jamais será ultrapassado, porque, se novas descobertas lhe demonstrassem estar em erro acerca de um ponto qualquer, ele se modificaria nesse ponto. Se uma verdade nova se revelar, ele a aceitará. (KARDEC, Allan. *A gênese.* 52. ed. Rio de Janeiro: FEB, 2007. Cap. I, it. 55.)

7
O PROBLEMA DO MAL

Desde as mais priscas eras o homem tem observado que, a par das boas coisas que tornam a vida deleitável, outras existem ou acontecem que são o reverso da medalha, isto é, só causam aflições, dores e prejuízos.

Foi, por isso, induzido a crer seja o governo do mundo partilhado por duas potestades rivais: Deus, fonte do bem, e Satanás, agente do mal.

Essa crença nos dois princípios antagônicos em luta pela hegemonia foi e continua sendo a base das doutrinas religiosas de todos os povos, inclusive católicos e reformistas.

Entre estes, a ideia de que uns se salvam e outros se perdem para todo o sempre é geral, havendo até quem afirme que o número dos perdidos é muito maior do que a cifra dos bem-aventurados.

Quer isso dizer que o mal seria mais forte que o bem, e que Satanás estaria conseguindo derrotar a Deus, frustrando-lhe os desígnios de salvação universal.

Em que pese à ancianidade de tais conceitos, são falsos e insustentáveis, diríamos mesmo, heréticos.

As leis morais

Com efeito, admitir o triunfo do maligno, a dano da humanidade, é o mesmo que negar ao Pai celestial os atributos da onisciência e da onipotência, sem os quais não poderia ser verdadeiramente Deus.

O Espiritismo, que é o Paracleto anunciado pelo Cristo, contrariando os ensinos da Teologia tradicional, esclarece-nos que o bem é a única realidade eterna e absoluta em todo o universo, sendo o mal apenas um estado transitório, tanto no plano físico, no campo social, como na esfera espiritual.

Para que se compreenda isto, é preciso, entretanto, considerar, não as consequências imediatas de tudo quanto observamos, mas sim os seus efeitos mediatos, futuros, porque só estes, ao longo dos anos, dos séculos ou dos milênios, é que farão ressaltar, nitidamente, a infalibilidade da Providência divina frente aos destinos da Criação.

Certos fenômenos geológicos, por exemplo, podem ter sido considerados catastróficos à época em que ocorreram; foram eles, porém, que compuseram os continentes e formaram os oceanos, emprestando-lhes os aspectos maravilhosos que hoje nos extasiam, provocando-nos arroubos de admiração.

Muitas guerras internacionais e outras tantas revoluções intestinas, embora se constituam, como de fato se constituem, dolorosos flagelos para as gerações que nelas são envolvidas, dão ensejo, por seu turno, à queda de tiranos e opressores, à extinção de preconceitos e privilégios iníquos, à mudança de costumes arcaicos, ao progresso tecnológico e quejandos, resultando daí, em favor dos pósteros (que seremos nós mesmos, em novas reencarnações), a melhoria das instituições, maior liberdade de pensamento e de expressão, uma justiça mais perfeita, maior conforto nos sistemas de transportes, de comunicações, nos lares, etc.

Quando não, é por meio delas que os maus se castigam reciprocamente, consoante o ensinamento: "quem com ferro fere, com ferro será ferido". Um dia, ainda que longínquo, cansadas de sofrer o choque de retorno de suas crueldades, ditadas pelo egoísmo, pelo orgulho e outros sentimentos tais, as nações aprenderão a valorizar a paz, buscando-a, então, sincera e veementemente, através da fraternidade e do solidarismo cristão.

Assim também acontece com as nossas almas.

Criadas simples e ignorantes, mas dotadas de aptidões para o desenvolvimento de todas as virtudes e a aquisição de toda a sabedoria, hão mister de, vida pós vida, neste orbe e em outros, passar por um processo de burilamento que muito as farão sofrer.

É a luta pela subsistência. São as enfermidades. As insatisfações. Os conflitos emocionais. Os desenganos. As imperfeições próprias e daqueles com os quais convivemos. Enfim, as mil e uma vicissitudes da existência.

Nesse autêntico entrevero, usando e abusando do livre-arbítrio, cada qual vai colhendo vitórias ou amargando derrotas, segundo o grau de experiência conquistada. Uns riem hoje, para chorarem amanhã, e outros, que agora se exaltam, serão humilhados depois.

Tudo, porém, concorre para enriquecer nossa sensibilidade, aprimorar nosso caráter, fazer que se nos desabrochem novas faculdades, o que vale dizer, se dilatem nossos gozos e aumente nossa felicidade.

Bendito seja, pois, o Espiritismo, pela revelação dessa verdade, à luz da qual se nos patenteia, esplendorosamente, a bondade infinita de Deus!

(q. 634.)

8

A RESPONSABILIDADE DO MAL

Ao justificar o dogma das penas eternas a que seriam condenados os pecadores impenitentes, a Teologia argumenta que, não obstante o homem seja finito, isto é, limitado em sabedoria, virtudes e poderio, sua culpa se torna infinita pela natureza infinita do ofendido – Deus, e, consequentemente, infinito deve ser, também, o respectivo castigo.

Sustenta, portanto, a tese de que o elemento moral do delito esteja intimamente ligado à qualidade do ofendido e não à resolução e malícia do ofensor, tese essa capciosa e iníqua.

Capciosa, porque transfere do agente para o paciente a gravidade do ato culposo.

Iníqua, porque não leva em conta os atributos da Divindade, supondo-a menos perfeita que a humanidade. Sim, porque um homem sensato certamente nem sequer tomaria em consideração as ofensas que lhe fossem dirigidas por uma criança ou por um idiota. Como, então, admitir-se possa Deus consentir sejamos castigados eternamente por haver ofendido-O (infantes espirituais que somos) com nossa imensa ignorância ou inconsciência?

A Doutrina Espírita, ao contrário, defende o princípio de que a culpa por toda e qualquer ofensa é sempre proporcional ao grau de conhecimento e à determinação volitiva de quem a pratica, e nunca à importância de quem a recebe.

Isso ensinou o próprio Jesus, o Rei dos reis, quando suplicou em favor dos que o crucificaram: "Perdoa-lhes, Pai, pois não sabem o que fazem". (Lucas, 23:34.)

Em verdade, quanto melhor saibamos discernir e mais livremente possamos decidir entre o bem e o mal, tanto maior será a nossa responsabilidade.

"Assim" – diz Kardec – "mais culpado é, aos olhos de Deus, o homem instruído que pratica uma simples injustiça, do que o selvagem ignorante que se entrega aos seus instintos." (q. 687.)

Colhamos ainda, em *O livro dos espíritos* (q. 639 a 641.), mais alguns esclarecimentos em torno dessa magna questão.

Pode o mal, não raro, ter sido cometido por alguém em circunstâncias que o envolveram, independentemente de sua vontade, ou por injunções a que teve de submeter-se. Nessas condições, a culpa maior é dos que hajam determinado tais circunstâncias ou injunções, porque perante a Justiça divina cada um se faz responsável não só pelo mal que haja feito, direta e pessoalmente, como também pelo mal que tenha ocasionado em decorrência de sua autoridade ou de sua influência sobre outrem.

Ninguém, todavia, jamais poderá ser violentado em seu foro íntimo. Isto posto, quando compelidos por uma ordem formal, seremos ou não culpáveis, dependendo dos sentimentos que experimentemos e da forma como ajamos ao cumpri-la. Exemplificando: poderemos ser enviados à guerra contra a nossa vontade, não nos cabendo, neste caso, nenhuma responsabilidade pelas mortes e calamidades que dela se originem; se, porém, no cumprimento desse dever cívico, sentirmos prazer em eliminar nossos adversários ou se agirmos com crueldade, seremos tanto ou mais culpados do que os assassinos passionais.

Tirarmos vantagem de uma ação má, praticada por outras pessoas, constitui igualmente, para nós, falta grave, qual se fôssemos os próprios delinquentes, pois isso equivale a aprovar o mal, solidarizando-se com ele.

Nas vezes em que desejamos fazer o mal, mas recuamos a tempo, embora oportunidade houvesse de levá-lo a cabo, demonstramos que o bem já se está desenvolvendo em nossas almas. Se, entretanto, deixamos de satisfazer àquele desejo, apenas porque nos faltasse ocasião propícia para tal, então somos tão repreensíveis como se o houvéramos praticado.

9

OS ESPÍRITOS PODEM RETROGRADAR?

A Doutrina Espírita nos ensina que, em sua origem, os Espíritos se assemelham a inocentes crianças, isto é, são simples, ignorantes e completamente inexperientes, carecendo adquirir, pouco a pouco, os conhecimentos que haverão de conduzi-los à plenitude da sabedoria e da bondade. (q. 634.)

Diz-nos, ainda, que todos possuem, latentes, as mesmas faculdades, cujo desenvolvimento mais ou menos rápido depende de seu livre-arbítrio, o qual, por sua vez, vai-se ampliando e fortalecendo à medida que cada um toma consciência de si mesmo nos embates da vida.

Nessa escalada, os Espíritos estão sujeitos a errar e permanecer estacionários por algum tempo; jamais, porém, poderão degenerar, tornando-se piores do que eram, nem cristalizar-se definitivamente em determinado estágio evolutivo, contrapondo-se à ordem divina que os impele para a frente e para o alto.

Deus, se o quisesse, poderia tê-los criado já perfeitos e isentos de qualquer trabalho para gozarem os benefícios da perfeição. Em seus sábios desígnios, todavia, fê-los apenas perfectíveis, para que lhes pertencessem os méritos dessa glória e também porque só assim a saberiam apreciar devidamente.

As leis morais

Perguntam alguns:

1) Se os Espíritos foram criados nem bons e nem maus, com iguais aptidões para tudo, porque uns seguiram o caminho do bem e outros trilharam a senda do mal?

2) Estes, os que se desencaminharam, não estarão contrastando a afirmação kardequiana de que "os Espíritos não retrogradam"?

Respondendo à primeira questão, diremos que, em conformidade com o enunciado linhas acima, Deus deseja que todos tenham o merecimento do progresso moral e da bem-aventurança a que se destinam e, por isso, a par dos meios que lhes põe ao alcance para esclarecê-los e atraí-los a si, concede-lhes relativa liberdade para que realizem, pelo próprio esforço, esse sublime desiderato.

Insipientes, podem eles, então, tal qual o filho pródigo da parábola evangélica, enveredar por ínvios carreiros (os vícios e os crimes), distanciando-se da retidão (o cumprimento das Leis de Deus). Cada vez, porém, que isso acontece, sofrem tropeços, quedas e acúleos que os fazem retornar ao bom caminho.

Destarte, esses transviamentos temporários, com as agruras que lhes são consequentes, constituem experiências que eles vão adquirindo para se conduzirem com acerto no futuro e não mais fugirem ao roteiro que lhes cumpre palmilhar.

Conforme foi dito páginas atrás, o bem é a única realidade absoluta, o destino final da Criação, sendo o mal apenas a ignorância dessa realidade, ignorância que vai desaparecendo, paulatinamente, através do aprendizado em vidas sucessivas.

"Errando também se aprende", diz um refrão popular. E muito, acrescentamos nós. De sorte que passar do estado de inocência, ou seja, de total inconsciência para o de culpabilidade, em virtude de engano na escolha de certo modo de agir, não significa retrogradar, mas sim ganhar tirocínio, desenvolver a capacidade de discernimento, sem o que nenhum avanço seria possível.

Em qualquer ramo de Ciência, depois de uma dezena de experimentações diferentes malsucedidas, o pesquisador estará evidentemente mais próximo da solução que persegue do que antes de iniciá-las, porque os resultados obtidos, embora negativos, lhe terão fornecido preciosos subsídios a respeito, indicando-lhe o melhor rumo a tomar.

Como se sabe, milhares e milhares de coisas que tanto conforto e bem-estar oferecem, hoje, à humanidade, são frutos de uma série enorme de fracassos, senão mesmo de desastres e de sacrifícios cruciantes, que afinal se transformaram em grandes e esplêndidos triunfos.

Pois bem! O mesmo sucede na conquista da perfeição. Advertidos pela dor a cada falta que cometemos, vamos aprendendo a evitá-las e dia virá em que, percebendo que "ser feliz" é a consequência natural de "ser bom", todos haveremos de cumprir a Lei de Amor, estabelecida por Deus para a felicidade de todos.

Os que perfilham doutrinas antirreencarnacionistas não aceitam que todas as almas sejam criadas "com iguais aptidões para evoluir" nem aceitam que as diferenças atuais dessas almas, em saber e moralidade, sejam o resultado de progressos realizados em existências pregressas, como ensina o Espiritismo.

Essas diferenças, no entanto, são reais, incontestáveis e ressaltam à vista de qualquer um, mas, como não encontram uma causa anterior para justificá-las, dizem: é porque... Deus as tem criado assim, *desiguais e sem as mesmas aptidões!*

A que se reduziria, neste caso, a Justiça divina?

— 10 —
COMO ADORAR A DEUS?

Em todas as épocas, todos os povos praticaram, a seu modo, atos de adoração a um ente supremo, o que demonstra ser a ideia de Deus inata e universal.

Com efeito, jamais houve quem não reconhecesse intimamente sua fraqueza, e a consequente necessidade de recorrer a Alguém, todo-poderoso, buscando-lhe o arrimo, o conforto e a proteção, nos transes mais difíceis desta tão atribulada existência terrena.

Tempos houve em que cada família, cada tribo, cada cidade e cada raça tinha os seus deuses particulares, em cujo louvor o fogo divino ardia constantemente na lareira ou nos altares dos templos que lhes eram dedicados.

Retribuindo essas homenagens (assim se acreditava), os deuses tudo faziam pelos seus adoradores, chegando até a se postar à frente dos exércitos das comunas ou das nações a que pertenciam, ajudando-as em guerras defensivas ou de conquista.

Em sua imensa ignorância, os homens sempre imaginaram que, tal qual os chefes tribais ou os reis e imperadores que os dominavam aqui na Terra, também os deuses fossem sensíveis às manifestações do culto exterior, e daí a pomposidade das cerimônias e dos ritos com que os sagravam.

As leis morais

Imaginavam-nos, por outro lado, ciosos de sua autenticidade ou de sua hegemonia e, vez por outra, adeptos de uma divindade entravam em conflito com os de outra, submetendo-a a provas, sendo então considerada vencedora aquela que conseguisse operar feito mais surpreendente.

Sirva-nos de exemplo o episódio constante do *Reis*, 18:22 a 40. Ali se descreve o desafio proposto por Elias aos adoradores de Baal, para saber-se qual o deus verdadeiro. Colocadas as carnes de um boi sobre o altar dos holocaustos, disse Elias a seus antagonistas: "Invocai vós, primeiro, os nomes dos vossos deuses, e eu invocarei, depois, o nome do meu Senhor; e o deus que ouvir, mandando fogo, esse seja o Deus".

Diz o relato bíblico que por mais que os baalitas invocassem o seu deus, em altos brados e retalhando-se com canivetes e lancetas, segundo o seu costume, nada conseguiram.

Chegada a vez do deus de Israel, este fez cair do céu um fogo terrível, que devorou não apenas a vítima e a lenha, mas até as próprias pedras do altar.

Diante disso, auxiliado pelo povo, Elias agarrou os seguidores de Baal e, arrastando-os para a beira de um rio, ali os decapitou.

O monoteísmo, depois de muito tempo, impôs-se, afinal, ao politeísmo, e seria de crer-se que, com esse progresso, compreendendo que o Deus adorado por todas as religiões é um só, os homens passassem, pelo menos, a respeitar-se mutuamente, visto as diferenças, agora, serem apenas quanto à forma de cultuar esse mesmo Deus.

Não foi tal, porém, o que sucedeu. E os próprios "cristãos", séculos pós séculos, contrastando frontalmente com os piedosos ensinamentos do Cristo, empolgados pelo fanatismo da pior espécie, não hesitaram em trucidar, a ferro e fogo, milhares e milhares de "hereges" e "infiéis", "para maior honra e glória de Deus!" – como se aquele que é o Senhor da vida pudesse sentir-se honrado e glorificado com tão nefandos assassínios...

Atualmente, bastante enfraquecido, o sectarismo religioso começa a derruir, o que constitui prenúncio seguro de melhores dias, daqui para o futuro.

Acreditamos, mesmo, que, graças à rápida aceitação que a Doutrina Espírita vem alcançando por toda a parte, muito breve haveremos de compreender que todos, sem exceção, somos de origem divina e integrantes de uma só e grande família. E posto que Deus é amor, não há como adorá-lo senão "amando-nos uns aos outros", pois, como sabiamente nos ensina João, o apóstolo (I Epístola de João, 4:20.), "se o homem não ama a seu irmão, que lhe está próximo, como pode amar a Deus, a quem não vê?".

(q. 649 a 673.)

11

A PRECE

"A prece" – define Kardec – "é uma invocação, mediante a qual o homem entra em comunicação com o ser a quem se dirige."

Deve ser feita diretamente a Deus, que é o Senhor da Vida, mas pode, também, ser-lhe endereçada por intermédio dos bons Espíritos (Santos), que são os seus mensageiros e os executores de sua vontade.

Três podem ser os objetivos da prece: louvar, pedir e agradecer.

A louvação consiste em exaltar os atributos da Divindade, não, evidentemente, com o propósito de ser-lhe agradável, visto que Deus é inacessível à lisonja. Há de traduzir-se por um sentimento espontâneo e puro de admiração por aquele que, em todas as suas manifestações, se revela detentor da perfeição absoluta.

As petições visam a algo que se deseje obter, em benefício próprio ou de outrem. Que é o que se pode pedir? Tudo, desde que não contrarie a Lei de Amor que rege e sustenta a harmonia universal. Exemplos: perdão de faltas cometidas, forças para resistir às tentações e aos maus pendores, proteção contra os inimigos, saúde para os enfermos, iluminação para os Espíritos conturbados e paz para os sofredores (encarnados ou desencarnados), amparo diante de um perigo iminente, coragem para vencer as contingências terrenas, paciência e resignação nos transes aflitivos e dolorosos, inspiração sobre como resolver uma situação difícil, seja ela de ordem material ou moral, etc.

Os agradecimentos, obviamente, por todas as bênçãos com que Deus nos felicita a existência, pelos favores recebidos, pelas graças alcançadas, pelas vitórias conseguidas e outras coisas semelhantes.

O veículo que conduz a prece até ao seu destinatário é o pensamento, o qual se irradia pelo Infinito, através de ondulações mentais, à feição das transmissões radiofônicas ou de televisão, que, por meio das ondas eletromagnéticas, cortam o espaço a uma velocidade de 300.000 quilômetros por segundo.

A eficácia da prece não depende da postura que se adote, das palavras mais ou menos bonitas com que seja formulada, do lugar onde se esteja, nem de horas convencionais. Decorre, isto sim, da humildade e da fé daquele que a emite, a par da sinceridade e veemência que lhe imprima.

Não se creia, entretanto, que basta orar, mesmo bem, para que os efeitos desejados se façam sentir de imediato e em qualquer circunstância.

Tal crença seria enganosa.

A prece não pode, por exemplo, anular a lei de causa e efeito, segundo a qual cada um deve colher os resultados do que faz ou deixa de fazer. Tampouco dispensa quem quer que seja do uso das faculdades que possui, nem do trabalho que lhe compete, na busca ou na realização do objetivo pretendido.

Por outro lado, nem sempre aquilo que o homem implora corresponde ao que realmente lhe convém, com vistas à sua felicidade futura. Deus, então, em sua onisciência e suprema bondade, deixa de atender ao que lhe seria prejudicial, "como procede um pai criterioso que recusa ao filho o que seja contrário aos seus interesses".

Apesar dessas restrições, longe de ser inútil, a prece é recurso de grande valia, desde que feita com discernimento, revista-se das qualidades a que nos referimos linhas acima e seja complementada por nós com os movimentos de alma ou com os esforços exigidos pela vicissitude que no-la tenha inspirado.

Destarte, quando oramos a Deus, rogando-lhe que nos perdoe uma ação má, é preciso que estejamos efetivamente arrependidos de havê-la praticado e alimentemos o firme propósito de não repeti-la; quando lhe exoramos que nos livre da sanha de nossos adversários, é indispensável que tomemos a iniciativa de uma reconciliação com eles, ou que, pelo menos, a facilitemos; quando lhe suplicamos ajuda para sair de uma dificuldade, é necessário que, em recebendo do Alto uma ideia salvadora, nos empenhemos em sua execução da melhor forma possível; quando lhe pedimos ânimo para vencer determinadas fraquezas, é imperioso que façamos a nossa parte, alijando de nossa mente as cogitações e as lembranças que com elas se relacionem, dando, também, os devidos passos no sentido de desenvolver as virtudes que lhes sejam opostas, e assim por diante.

Agindo de conformidade com a máxima: "Ajuda-te, que o Céu te ajudará", estejamos certos, haveremos de contar, sempre, com a assistência e o socorro dos prepostos de Deus, de modo a que, mesmo sem derrogar-lhe as leis, nem frustrar-lhe os desígnios, sejamos providos daquilo que mais carecemos, quer se trate de remover obstáculos, superar necessidades ou minorar tribulações.

(q. 658 a 666.)

~ 12 ~
Sacrifícios

Compulsando-se a história das religiões, verifica-se que o oferecimento de sacrifícios à divindade remonta a um passado remotíssimo, a perder-se na noite das idades.

As oferendas, que a princípio consistiam em frutos da terra, passaram, depois, a constituir-se de animais, cujas carnes eram queimadas nos altares, transformando-se, mais tarde, em sacrifícios humanos.

O Velho Testamento faz inúmeras referências ao holocausto de vítimas humanas aos deuses Baal, Moloque e outros, dando-o como prática generalizada entre os povos asiáticos, sendo que o *Gênesis*, capítulo 22, nos conta que até mesmo Abraão, um dos patriarcas do Judaísmo, intentara matar seu filho único Isaac, como prova de amor a Jeová, somente não o fazendo porque, no último instante, um anjo interveio, ordenando fosse suspensa a imolação.

Segundo relata um escritor do passado, 300 cidadãos e 200 crianças das melhores famílias de Cartago (África) foram, certa vez, oferecidos em sacrifício a Saturno, visando aplacar-lhe a ira, por acreditarem que a situação penosa em que se encontravam (o sítio da cidade por poderosas hostes conquistadoras) fosse motivada pelo fato de, até então, só haverem oferecido a essa divindade filhos de escravos estrangeiros.

As leis morais

Na Europa, os sacrifícios humanos, se bem que em menor número, também foram praticados séculos pós séculos. Dizem-nos os historiadores que na Grécia, para homenagear ou saciar Apolo, Dionísio, Zeus e outros deuses, jovens e crianças eram queimados em piras fúnebres, lançados do alto dos penhascos ou chibatados até a morte. Na Itália, adotava-se o afogamento, atirando-se 30 pessoas, anualmente, às águas do rio Tibre. O deus cultuado na Zelândia, verdadeiro monstro, exigia, em igual período, o sacrifício de nada menos que 99 pessoas. Na Bretanha, conforme o relato de César, fazia-se uma colossal estátua de vime, enchiam-na de vítimas e deitavam-lhe fogo. Já na Gália, colocavam-nas num altar e abriam-lhe o peito à espada.

Entre os povos primitivos da América, esse costume bárbaro deve ter vigorado também, por muito tempo. Haja vista que, quando da conquista do México, no século XVI, foram encontradas em um templo cerca de 136 mil caveiras de vítimas sacrificadas aos deuses ali adorados pelos astecas.

Esclarecem-nos, entretanto, os mentores espirituais, através de Kardec, que não era por maldade que os homens da Antiguidade procediam dessa forma, mas sim por mera ignorância.

E explicam: em nossos dias, quando nos dispomos a oferecer um presente a alguém, não o escolhemos de tanto maior valor quanto mais estima queiramos testemunhar a esse alguém, ou quanto mais interesse tenhamos em conquistar-lhe as boas graças a fim de solicitar-lhe certos favores?

Não eram outros os motivos que levavam nossos antepassados a sacrificar às divindades. Como, porém, não podiam conceber-las com os atributos da perfeição, antes as rebaixavam ao nível deles mesmos, julgavam, erroneamente, que o holocausto a ser-lhes oferecido seria tanto mais valioso quanto mais importante fosse a vítima.

Daí por que nos ofícios sacrificatórios os produtos agrícolas foram, com o tempo, preteridos pelos animais, que, por sua vez, foram substituídos por seres humanos: estrangeiros ou inimigos, e, posteriormente, em lugar destes, os pais passaram a sacrificar os próprios filhos!

É que – supunham –, com estas oblatas, os deuses haveriam de sentir-se muito mais honrados.

As pessoas esclarecidas compreendem, agora, que, conquanto praticados com piedosa intenção, tais sacrifícios nunca foram agradáveis a Deus, como não podem agradar-lhe, tampouco, as macerações e as penitências que certos religiosos continuam a impor-se, sem que aproveitem a ninguém.

A Doutrina Espírita, fazendo luz sobre este assunto, ensina-nos que o único sacrifício abençoado por Deus é aquele que se faça por amor e em benefício do próximo, e que "o melhor meio de honrá-lo consiste em minorar os sofrimentos dos pobres e dos aflitos".

(q. 669 a 673.)

～ 13 ～
A LEI DE TRABALHO

O trabalho é uma Lei da natureza a que ninguém se pode esquivar, sem prejudicar-se, pois é por meio dele que o homem desenvolve sua inteligência e aperfeiçoa suas faculdades.

O trabalho honesto fortalece-lhe o sentimento de dignidade pessoal, fá-lo respeitado pela comunidade em que vive, e, quando bem realizado, contribui para dar-lhe a sensação de segurança, três coisas fundamentais que todos buscamos.

Para que o homem tenha êxito no trabalho, e como tal deve entender-se não necessariamente o ganho de muito dinheiro, mas uma constante satisfação íntima, faz-se mister que cada qual se dedique a um tipo de atividade de acordo com suas aptidões e preferências, sem se deixar influenciar pela vitória de outrem nesta ou naquela carreira, porquanto cada arte, ofício ou profissão exige determinadas qualidades que nem todos possuem.

Quem não consiga uma ocupação condizente com o que desejaria, deve, para não ser infeliz, adaptar-se ao trabalho que lhe tenha sido dado, esforçando-se por fazê-lo cada vez melhor, mesmo que seja extremamente fácil. Isso ajudará a gostar dele. Quando se trate de algo automatizado que não permita qualquer mudança, como acontece em muitas fábricas modernas, o remédio é compenetrar-se de que sua função na empresa também é importante, assumindo a atitude daquele modesto operário cujo serviço era quebrar pedras e que, interrogado sobre o que fazia, respondeu com entusiasmo: "Estou ajudando a construir uma catedral".

Importa, igualmente, se adquira a convicção de que embora apenas alguns poucos possam ser professores, médicos, engenheiros, advogados ou administradores, todos, indistintamente, desde que desenvolvam um trabalho prestadio, estão dando o melhor de si, concorrendo, assim, para o progresso e o bem-estar social, como lhes compete.

De outro lado, pelo fato de ser uma Lei natural, o trabalho deve ser assegurado a todos os homens válidos que o solicitem, para que, em contrapartida, lhes seja exigido que provejam às necessidades próprias e da família, sem precisarem pedir nem aceitar esmolas.

O desemprego, e consequentemente a fome, a nudez, o desabrigo, a enfermidade, a prostituição, o crime, etc., constituem provas de que a sociedade se acha mal organizada, carecendo de reformas radicais que melhor atendam à justiça social.

Como acertadamente disse Constâncio C. Vigil:

> constitui dolorosa anomalia deixar-se o ser humano em situação de não poder defender-se da miséria, até delinquir ou morrer. O desempregado tem direito à vida. Por conseguinte, o Estado só pode castigá-lo pelo roubo se lhe proporciona meios para assegurar a subsistência através do trabalho.

Sujeitar, portanto, irmãos nossos à condição de párias, enquanto incontáveis hectares de terra permanecem inexplorados, nas mãos do Estado ou de uns poucos ambiciosos que os foram acumulando, como se fossem títulos negociáveis, é um crime de lesa-humanidade.

Os governos devem fazer que as terras devolutas ou mal aproveitadas sejam devidamente cultivadas.

Uma distribuição pura e simples de pequenos lotes a homens desprovidos de conhecimentos e de recursos pecuniários para o seu trato não será, entretanto, suficiente para a colimação desse objetivo. É indispensável prestar-se-lhes, também, assistência técnica e ajuda financeira, de modo que, conjugando-se, capital e trabalho bem orientados, tornem viável a fecundação do solo e a erradicação da indigência que assola tão vastas áreas do mundo.

***

Os que supõem seja o trabalho apenas um "ganha-pão", sem outra finalidade que não a de facultar os meios necessários à existência, laboram em erro. Se o fosse, então todos aqueles que possuíssem tais meios, em abundância, poderiam julgar-se desobrigados de trabalhar.

Em verdade, porém, a lei de trabalho não isenta ninguém da obrigação de ser útil. Ao contrário. Quando Deus nos favorece, de maneira que possamos alimentar-nos sem verter o suor do próprio rosto, evidentemente não é para que nos entreguemos ao hedonismo, mas para que movimentemos, na prática do bem, os "talentos" que nos haja confiado.

Isso constitui uma forma de trabalho que engrandece e enobrece nossa alma, tornando-a rica daqueles tesouros que "a ferrugem e a traça não corroem, nem os ladrões podem roubar".

(q. 674 a 685.)

14
LIMITE DO TRABALHO

À pergunta 683 do Codificador: "Qual o limite do trabalho?", responderam os mentores espirituais incumbidos de lhe ditarem os fundamentos da Nova Revelação: "o das forças".

Isso deixa claro que, sendo, como é, fonte de equilíbrio físico e moral, o trabalho deve ser exercido por tanto tempo quanto nos mantenhamos válidos.

Nações existem, inclusive o Brasil, onde se considera uma conquista social a promulgação de leis previdenciárias que permitem ao homem cruzar os braços com menos de 50 anos de idade.

Cremos se trate de erro clamoroso, pois não há sistema econômico que resista a essa aberração de milhões e milhões de homens, cheios de vitalidade, ganharem sem produzir. Mais cedo ou mais tarde, todos haveremos de pagar por isso, se é que já não o estamos.

Seria mais justo, quer-nos parecer, que os beneficiários dessa legislação se mantivessem um pouco mais na ativa, para que boa parte do numerário atualmente despendido no pagamento de aposentadorias pudesse ser aplicado em favor da coletividade, através da socialização dos serviços médicos, odontológicos e correlatos, como acontece, por exemplo, na Inglaterra, pois cá entre nós está se tornando cada vez mais difícil, mesmo às classes médias, suportarem os gastos pertinentes a tais serviços.

~ As leis morais ~

Que dizer, então, das camadas inferiores, que constituem a maioria de nossa população?

Não é só por esse lado, entretanto, que o afastamento do trabalho de homens prestativos se patenteia danoso.

A natureza exige o emprego de nossas energias e aqueles que se aposentam, sentindo-se ainda em pleno gozo de suas forças físicas e mentais, depressa caem no fastio, tornando-se desassossegados, irritadiços ou hipocondríacos.

Alguns tentam eliminar o vazio de suas horas em viagens; outros, em diversões; quase todos, porém, se cansam de uma coisa e outra, entregando-se, por fim, ao alcoolismo, à jogatina e a outros vícios que lhes arruínam, de vez, tanto a saúde como a paz íntima.

Abalizados psiquiatras e psicanalistas afirmam, com exato conhecimento de causa, que "todos os seres humanos precisam encontrar alguma coisa que possam fazer", pois "ninguém consegue ser feliz sem que se sinta útil ou necessário a alguém".

Frank S. Caprio em *Ajuda-te pela psiquiatria*, chega a dizer: "Tal como o amor, *o trabalho é medicinal.* Alivia os males da alma".

Isto posto, se formos homens de negócios, em vez de os interrompermos bruscamente, convém que, ao atingirmos certa idade, diminuamos o ritmo de nossas ocupações ou o peso de nossas responsabilidades, repartindo-as gradativamente com nossos auxiliares ou com aqueles que devam suceder-nos, adquirindo, ao mesmo tempo, algum outro interesse que mantenha ocupado o nosso intelecto.

Se assalariados, que encontremos, ao aposentar-nos, uma ocupação leve, porém proveitosa, com que preencher saudavelmente nossa vida.

Jamais, em hipótese alguma, *condenar-nos* à completa ociosidade, a pior coisa que pode acontecer a alguém.

Benjamin Franklin tinha 81 anos quando foi chamado a colaborar na elaboração da Carta Magna dos Estados Unidos.

Goethe acabou de escrever *Fausto*, a mais famosa de suas produções literárias, nessa mesma idade.

Edison, tendo começado a trabalhar quando era ainda uma criança, manteve-se operoso durante cerca de setenta e cinco anos, sem nunca ter estado doente. Morreu aos 84, deixando patenteadas mais de mil invenções.

Michelangelo, o fabuloso artista italiano, aos 88 anos ainda continuava produzindo obras de arte.

O marechal Rondon, notabilíssimo sertanista brasileiro e um dos grandes benfeitores da humanidade, falecido em 1958, aos 92 anos, trabalhou intensamente até à decrepitude, malgrado a rudeza do meio em que passou a quase totalidade de sua fecunda existência.

Rockefeller, ao completar 90 anos, declarou:

Sou o homem mais feliz do mundo. Parece-me começar a viver agora. Sou feliz porque posso trabalhar. Os dias não são suficientemente longos para que eu possa fazer tudo que desejo. Indubitavelmente, o trabalho é o segredo da felicidade.

E é mesmo.

15
O REPOUSO

Nas respostas que deram às questões 682 e 684, formuladas por Kardec, nossos amigos espirituais nos esclarecem que "o repouso é uma lei da natureza, sendo uma necessidade para todo aquele que trabalha", e mais: que "oprimir alguém com trabalho excessivo é uma das piores ações", constituindo-se, mesmo, grave transgressão do Código divino.

Com efeito, o 3º Mandamento preceitua:

Lembra-te do dia de sábado, para o santificares. Seis dias trabalharás e farás todas as tuas obras, mas o sétimo dia é o sábado, isto é, o dia de descanso do Senhor teu Deus. Nesse dia não farás obra alguma, nem tu, nem teu filho, nem tua filha, nem teu escravo, nem tua escrava, nem teu animal, nem o peregrino que vive de tuas portas para dentro.

Julgamos interessante elucidar, nesta oportunidade, que a substituição do repouso no *sábado*, como era observado entre os judeus, pelo *domingo*, como atualmente é de uso entre nós, carece de importância. Isso começou com os primeiros cristãos. Eles continuavam a frequentar as sinagogas aos sábados, mas, a par disso, tomaram o hábito de reunir-se também no primeiro dia da semana judaica (domingo), a fim de celebrarem a ressurreição de Jesus. Com o decorrer do tempo, foram deixando de comparecer às sinagogas e, consequentemente, apenas o domingo passou a ser observado por eles.

As leis morais

Os que advogam a observância do sábado, talvez se apoiem nas razões anexas do referido mandamento, conforme o *Êxodo*: "Porque o Senhor fez em seis dias o céu, a terra, o mar, e tudo o que neles há, e descansou no sétimo dia: por isso o Senhor abençoou o dia sétimo, e o santificou".

Sabe-se, agora, entretanto, que os seis "dias" da criação não foram dias de 24 horas, como alguns ainda supõem, mas sim longos *períodos milenares*.

Além disso, em *Deuteronômio*, as reflexões aduzidas para recomendar esse mandamento são outras, bem diferentes: "Para que descanse o teu escravo, e a tua escrava, como tu também descansas. Lembra-te de que também serviste no Egito, e que de lá te tirou o Senhor teu Deus".

Como se vê, aqui não se alude ao sábado como sendo o dia em que o Criador teria descansado de sua obra; apela-se, simplesmente, para os sentimentos de caridade dos judeus, para que, nesse dia, concedam o merecido descanso igualmente ao elemento servil, inclusive aos animais, porquanto todos precisam de repouso para o refazimento de suas energias.

O Decálogo, ninguém o ignora, baseia-se na Lei natural, e a folga semanal não é mais que uma questão de higiene.

Assim sendo, quer guardemos o sábado (sábado significa *descanso*), ou o domingo, o que importa é que o façamos segundo o *espírito* da Lei, e esta o que recomenda é que após seis dias de trabalho, dedicados ao provimento do indispensável ao nosso bem-estar corporal, reservemos pelo menos um dia para o repouso, consagrando-o ao cultivo dos valores espirituais.

Isto, aliás, era o máximo que, naquela época, podia obter-se de homens embrutecidos e materializados cujos ideais se concentravam unicamente na conquista de bens terrenos e que, para consegui-los, não hesitavam em sobrecarregar familiares, servos e animais, obrigando-os a penosas jornadas de trabalho, de sol a sol, nos 365 dias do ano.

Por incrível que pareça, muitos homens, em pleno século XX, dominados pela ambição, continuam a impor-se tal regime (estendendo-o a outrem, sempre que lhes permitam dar largas ao seu poder de mando), e ainda se jactam disso, como se fossem heróis dignos dos maiores aplausos, quando, ao revés, só merecem lástima.

Sim, porque hoje que a vida urbana se caracteriza por uma agitação contínua, exigindo-nos um gasto excessivo de energias físicas e mentais, a necessidade que todos temos de repousar periodicamente tornou-se maior, e, daí, o estar-se generalizando a chamada "semana inglesa", com cinco dias de trabalho e dois de descanso, além das férias anuais, que há alguns decênios já se constitui um direito universal.

Trabalhemos, pois, "até o limite de nossas forças", já que o trabalho é uma bênção; cuidemos, porém, de evitar a exaustão e a estafa, antes que esses males nos conduzam à neurastenia ou ao esgotamento nervoso.

~ 16 ~
A LEI DE REPRODUÇÃO

A ordenação bíblica – "crescei e multiplicai-vos" – não tem sido, até hoje, bem compreendida por todos.

Os que se atêm à letra das Escrituras, sem penetrar-lhe o espírito, veem nessas palavras uma Lei divina, estabelecendo que a reprodução das espécies, inclusive a humana, deva ser livre e ilimitada, e que obstá-la seria grave pecado.

Sem dúvida, a reprodução dos seres vivos é lei da natureza e preenche uma necessidade no mecanismo da Evolução; isso não quer dizer, entretanto, seja proibido ao homem adotar certas medidas para a regular. Tudo depende da finalidade que se tenha em vista.

Dado, por exemplo, que o desenvolvimento excessivo de determinadas plantas ou animais se revele nocivo e perigoso, pode-se perfeitamente impedir-lhes a reprodução, pois "a ação inteligente do homem é um contrapeso que Deus dispôs para restabelecer o equilíbrio entre as forças da natureza", tal o ensino que nos chega através de Kardec.

No que tange ao controle da natalidade humana, objeto, hoje, de complexas pesquisas nos campos da Biologia, da Genética, da Farmacologia, da Sociologia, etc. e de acalorados debates entre teólogos e moralistas de várias tendências, a Doutrina Espírita nos autoriza a afirmar que, em *havendo razões realmente justas* para isso, pode o homem limitar sua prole, *evitando a concepção*.

A questão 694 do livro que estamos estudando dirime todas as dúvidas sobre o assunto, pois condena taxativamente apenas "os usos, cujo efeito consiste em obstar reprodução, *para satisfação da sensualidade*, deixando claro que pode haver, como de fato há, inúmeros casos em que se faz necessário não só restringir, mas até mesmo evitar qualquer quantidade de filhos.

É preciso se reconheça que o lar não é um estabelecimento destinado a reproduzir seres humanos em série, mas sim um santuário-escola, onde os pais devem pontificar como plasmadores de nobres caracteres, incutindo nos filhos, a par do amor a Deus, uma vivência sadia, pautada nos princípios da moral e da justiça, de modo que se tornem elementos úteis a si mesmos, à família e à sociedade.

"O homem se distingue dos animais" – disseram ainda os mentores da Codificação – "por obrar com conhecimento de causa.". Portanto, o que dele se espera não é apenas que procrie por força do instinto sexual, qual mero reprodutor, mas que, convém repeti-lo, dignifique o nome de pai ou de mãe com que Deus lhe honra a existência.

Há quem não admita nenhum motivo para a limitação dos filhos, ou seja, o planejamento da família, na suposição de que tal medida se constitua um entrave à lei de progresso, por reduzir as oportunidades de que os desencarnados necessitam para expiar delitos do passado.

Acontece, porém, que, via de regra, esses tais não agem de conformidade com o ponto de vista que defendem, já que eles próprios, "contrariando a lei da natureza", ao terem um, dois ou três filhinhos, dão-se por satisfeitos e... ficam por aí.

Se raciocinassem um pouquinho, haveriam de compreender outrossim que, se existem tantos seres precisando retornar à Terra, para provações reparadoras, visto se acharem endividados perante a Justiça divina, é precisamente porque faltou a muitos, nas encarnações anteriores, a orientação espiritual que só um lar bem constituído pode oferecer, e que lançar ao mundo proles enfermiças e deficientes, ou fisicamente bem-dotadas, mas votadas ao abandono, absolutamente não ajuda o adiantamento da Terra, antes o retarda, pois contribui para aumentar o número dos desajustados, dos marginais e dos criminosos de toda sorte, infelizes que, por sua vez, exigiriam outras tantas oportunidades de reajuste e assim sucessivamente, numa progressão geométrica que não acabaria mais.

"Mais vale prevenir que remediar", reza um refrão da sabedoria popular, e daí porque a medicina terrena tende a ser, cada vez mais, preventiva ao invés de curativa.

Por que não haveria de ser assim, também, no universo moral?

O preceito com que abrimos este estudo não determina o fator da multiplicação dos casais, fator esse que pode e deve variar de acordo com a robustez dos genitores (principalmente da mãe, que é a mais sacrificada), seus recursos econômicos, etc.

Assim, aos olhos de Deus, que julga segundo as intenções de cada um, é preferível ter poucos filhos e fazer deles homens de bem, a tê-los numerosos, mas abandoná-los à própria sorte, como acontece amiúde.

Quanto aos casais que evitam ou limitam os filhos, atendendo tão só ao comodismo e quejandos, obviamente se tornam tanto mais repreensíveis quanto maiores sejam as suas possibilidades de concebê-los, criá-los e educá-los.

(q. 686 a 701.)

~ 17 ~
O ABORTO

Conforme deixamos enunciado no capítulo anterior, razões existem que justificam ou tornam aconselhável, senão imperiosa, a limitação dos filhos.

Releva frisar, entretanto, que, mesmo nos casos em que o controle da natalidade se imponha como absolutamente necessário, só são escusáveis os usos que objetivem impedir a concepção, qual a abstinência do intercurso sexual nos períodos fecundos da mulher, ou um outro processo anticoncepcional que venha a ser descoberto pela Ciência, desde que reconhecidamente inofensivo à saúde; *nunca* a interrupção da gravidez, pois, salvo uma única hipótese, isto constitui crime, e dos mais nefandos, por não dar à vítima qualquer possibilidade de defesa.

Lamentavelmente, desde as mais priscas eras, este tem sido o recurso escolhido pela maioria da humanidade para frustrar os nascimentos não desejados.

Apurou-se recentemente em diversas regiões brasileiras, e acreditamos tal aconteça no mundo inteiro, que em cada três casos de gravidez, dois são interrompidos pelo aborto provocado, e o que é de estarrecer, não raro, depois do quarto mês, isto é, quando o nascituro já é um ser vivo a palpitar no ventre materno!

As leis morais

Essa prática, conquanto se inclua entre as contravenções penais de todas as nações civilizadas, comumente fica impune pela justiça terrena, o que equivale a um tácito consentimento.

O Espiritismo, que tanta luz tem feito em torno deste magno assunto, esclarece-nos que a provocação do aborto só não é considerada culposa – esta a ressalva a que aludimos anteriormente – quando o ser em formação ponha em perigo a vida de sua mãe. Nesta circunstância, é preferível sacrificar o primeiro e não a segunda, optando, entre dois males, pelo menor.

Fora disso, porém, os atentados à vida fetal acarretam, sempre, terríveis consequências, tanto neste mundo como no outro.

Segundo o Dr. Yves Lezan, especialista em ginecologia:

sendo o aborto provocado uma prática clandestina e, na grande maioria das vezes, executado em locais desprovidos de completa higiene e assepsia, pode trazer gravíssimas consequências oriundas de infecções, tais como peritonites, quer por pequenas perfurações no útero, que passem despercebidas, ou por passagem do cáustico através das trompas e queda dentro da cavidade abdominal. Não seria demais falar no possível aparecimento do tétano, que sobrevém após um período de incubação de quatro a oito dias, com evolução geralmente aguda e ainda vários estados septicêmicos de alta gravidade. As hemorragias externas tanto podem aparecer logo após a prática do aborto como passado algum tempo e perdurar ainda por longo período. Em consequência dessas perdas sanguíneas, surgem, secundariamente, sinais de anemia, que será proporcional ao volume total do sangue perdido, exigindo por vezes transfusões de sangue.

Esclarece, mais, o referido especialista, que, se repetido com frequência, o abortamento pode provocar: a) inflamação dos ovários, que se manifesta por meio de dores ao nível do baixo ventre e corrimento, o que exigirá tratamentos especializados, nem sempre coroados de êxito; b) irregularidades nas regras, com cólicas durante e após o período menstrual; c) a frigidez sexual e a esterilidade definitiva da mulher; d) esgotamento; e) perturbações nervosas; f) envelhecimento precoce, etc.

Ouçamos, agora, o que a respeito nos diz um médico do mundo maior:

> A mulher que o promove ou que venha a coonestar semelhante delito é constrangida, por leis irrevogáveis, a sofrer alterações deprimentes no centro genésico de sua alma, predispondo-se geralmente a dolorosas enfermidades, quais sejam a metrite, o vaginismo, a metralgia, o enfarte uterino, a tumoração cancerosa, flagelos esses com os quais, muita vez, desencarna, demandando o Além para responder, perante a Justiça divina, pelo crime praticado. (ANDRÉ LUIZ, *Ação e reação*.)

Não terminam aí, todavia, os funestos resultados do aborto provocado.

Espiritualmente, os reflexos da criminosa irresponsabilidade dos pais (em especial das mães), rechaçando aqueles que deveriam retornar à carne, com os quais, não raro, haviam assumido sagrados compromissos, são ainda mais de temer.

Sentindo-se roubados, ou traídos, essas entidades passam a votar profundo ódio aos que se recusaram a recebê-los em novo berço e, quando não lhes infernizam a existência terrena, em longos processos obsessivos, aguardam, sequiosos de vingança, que façam o trespasse, para então tirarem a forra, castigando-os sem dó nem piedade.

Talvez haja quem indague: e a Providência divina permite fiquem os que fugiram ao cumprimento de suas obrigações, à mercê da sanha desses Espíritos vingativos?

— As leis morais —

Sim, permite, porque cada um precisa carpir seus próprios erros, sem o que jamais aprenderia a respeitar, como deve, as Leis de Deus.

Diante disso, não convém refletir maduramente se vale a pena pagar tão alto preço por leviandades dessa ordem?

~ 18 ~
Celibato, poligamia e casamento monogâmico

Qual desses três estados é o mais conforme à Lei de Deus?

À luz do Espiritismo, se adotado para escapar às canseiras e responsabilidades da família, o celibato a contraria frontalmente, pois revela forte egoísmo.

Quanto ao celibato de religiosos (praticado, aliás, desde a mais remota Antiguidade, entre persas e babilônicos, monges budistas e iniciados essênios, etc.), conservado em nossos dias como uma disciplina no seio da Igreja Católica Romana, tanto em suas ordens masculinas como femininas, não há como deixar de reconhecer que foi, é e será, sempre, altamente meritório, desde que, renunciando às satisfações e ao aconchego doméstico, o(a) celibatário(a) alimente o sincero propósito de melhor servir à coletividade.

Com efeito, os sacrifícios daqueles sacerdotes e freiras que, observando a castidade, se mostram capazes de total devotamento ao próximo, seja na assistência espiritual, nas tarefas educacionais, nos serviços hospitares, em asilos, creches, orfanatos e em misteres outros, em que dão o máximo de si sem pensar em si, constituem exemplos grandiloquentes de amor sublimado, que os eleva muito acima da craveira comum dos terrícolas.

As leis morais

Contudo, nem assim pode o celibato ser considerado o estado ideal, dadas as condições e as finalidades da vida neste mundo.

A poligamia, por sua vez, é um costume que, introduzido em certa época, por motivos econômicos (o aumento de braços para o trabalho grátis nos clãs), já não se justifica.

É verdade que ainda se mantém nas populações muçulmanas do norte da África e em grande parte da Ásia, pela predominância do apetite carnal sobre o senso moral de homens ricos, que se dão ao luxo de sustentar várias esposas e numerosa prole, mas tende a desaparecer, pouco a pouco, com o aperfeiçoamento das instituições.

Tanto não corresponde aos desígnios da Providência que jamais foi possível generalizar-se, face à relativa igualdade numérica dos sexos.

A ordem natural e inerente à espécie humana é, incontestavelmente, a monogamia, visto que, tendo por base a união constante dos cônjuges, permite se estabeleça entre ambos uma estreita solidariedade, não só nas horas de regozijo como nos momentos difíceis e dolorosos.

É ainda por esse modo que os pais podem dar aos filhos tudo o de que eles necessitam para um desenvolvimento normal, sem problemas de personalidade.

As demais formas de associação dos seres, conquanto possam ter sido autorizadas ou consentidas durante algum tempo, em determinadas circunstâncias da evolução social, de há muito que se tornaram condenáveis pelos códigos de Direito dos povos de cultura mais avançada, notadamente no mundo ocidental.

Forçoso concluir, então, ser o casamento monogâmico o instituto que melhor satisfaz aos planos de Deus, no sentido de preparar a família para uma convivência de paz, alegria e fraternidade, estado esse que há de estender-se, no futuro, à humanidade inteira.

(q. 695 a 701.)

19
A LEI DE CONSERVAÇÃO

O instinto de conservação, por ser uma das manifestações da Lei natural, é inerente a todos os seres vivos.

Maquinal entre os espécimes situados nos primeiros degraus da escala evolutiva, vai-se desenvolvendo à medida que os seres animam organismos mais complexos e melhor dotados, tornando-se, no reino hominal, inteligente e raciocinado.

Sendo a vida orgânica absolutamente necessária ao aperfeiçoamento dos seres, Deus sempre lhes facultou os meios de conservá-la, fazendo que a terra produzisse quanto fosse suficiente à mantença de todos os que a habitam.

Sabendo, entretanto, que, se as criaturas tivessem que usar os frutos da terra apenas em função de sua utilidade, a lei de conservação não seria cumprida, houve Deus por bem imprimir a esse ato o atrativo do prazer, dando a cada coisa um sabor especial que lhes estimulasse o apetite.

A par disso, pela própria constituição somática com que modelou os seres, restringiu-lhes o gozo da alimentação ao limite do necessário, limite esse que, se observado, lhes asseguraria uma saúde perfeitamente equilibrada.

O homem, porém, no exercício de seu livre-arbítrio, frequentemente se desmanda, cometendo toda sorte de excessos e extravagâncias, resultando daí muitas das doenças que o excruciam e o conduzem à morte prematuramente.

Mas como nada se perde na economia da evolução, os sofrimentos decorrentes dos desregramentos que comete dão-lhe experiência, fortalecem-lhe a razão, habilitando-o, finalmente, a distinguir o uso do abuso.

Poder-se-á dizer que, em certas regiões do globo, o solo, menos fértil, não produz o bastante para a nutrição de seus habitantes e que o grande número de pessoas que nelas sucumbem vitimadas pela fome parece desmentir haja uma Providência divina a prové-los dos recursos para cumprirem a lei de conservação da vida.

Tais calamidades ocorrem, de fato, mas não por culpa de Deus, a quem não se pode imputar as falhas de nossa sociedade, na qual uns se regalam com o supérfluo, enquanto outros carecem do mínimo necessário.

Fossem os homens menos egoístas, não tivessem apenas a máscara de religiosos, e, nessas contingências, prestar-se-iam mútuo apoio, já que a terra e eles mesmos pertencem a uma só família: a humanidade.

Além disso, cumpre aos homens aplicarem-se no estudo dos problemas que os afligem a fim de dar-lhes a devida solução, seja aperfeiçoando cada vez mais as técnicas de cultivo da gleba, de modo a conseguirem aumento de produção, seja entregando-se a pesquisas, no sentido de descobrirem outras fontes de alimentos, esforços esses que lhes engrandecerão a inteligência, assinalando novas etapas no progresso da civilização.

Aceita a premissa de que a conservação da vida é um dever imposto ao homem pela lei natural, poder-se-ia concluir que, em circunstância extremamente crítica, lhe seja lícito, para matar a fome, sacrificar um semelhante?

Não! Isso fora homicídio e crime de lesa-natureza. Em tal caso, antes morrer que matar, pois grande será o nosso merecimento se formos capazes de tão sublime renúncia por amor ao próximo.

E as privações voluntárias, observadas por alguns seguidores de várias religiões, seriam meritórias aos olhos de Deus? Contribuiriam, efetivamente, para a elevação da alma?

Segundo a Doutrina Espírita, todos os usos que prejudiquem a saúde, longe de apressarem o desenvolvimento espiritual, retardam-no, pois solapam as forças vitais de seus praticantes, diminuindo-lhes a disposição para o trabalho, que sempre foi e continuará sendo o único caminho do progresso.

Objetivando elucidar, o melhor possível, este assunto, perguntou Kardec a seus mentores (q. 727.): "Uma vez que não devemos criar sofrimentos voluntários, que nenhuma utilidade tenham para outrem, deveremos cuidar de preservar-nos dos que prevejamos nos ameacem?"

A resposta que obteve, clara e precisa, aqui vai, como fecho de ouro a estas linhas:

> Contra os perigos e os sofrimentos é que o instinto de conservação foi dado a todos os seres. Fustigai o vosso espírito e não o vosso corpo, mortificai o vosso orgulho, sufocai o vosso egoísmo, que se assemelha a uma serpente a vos roer o coração, e fareis muito mais pelo vosso adiantamento do que infligindo-vos rigores que já não são deste século.

(q. 702 a 727.)

～ 20 ～
A PROCURA DO BEM-ESTAR

Pergunta 719 de *O livro dos espíritos*, de Kardec:

"Merece censura o homem por procurar o bem-estar?".

Resposta das vozes do Alto:

É natural o desejo do bem-estar. Deus só proíbe o abuso, por ser contrário à conservação. Ele não condena a procura do bem-estar, desde que não seja conseguido à custa de outrem e não venha a diminuir-vos nem as forças físicas, nem as forças morais.

Aí está um ensinamento que contesta fundamentalmente a concepção absurda e até certo ponto blasfema, corrente em certos meios religiosos, de que "o homem nasce neste mundo para sofrer, a fim de fazer-se merecedor de suaves recompensas no Céu".

Sem dúvida, sendo a humanidade terrena uma das mais imperfeitas no concerto universal, compreende-se porque mais sofre do que goza. É o preço de sua primariedade.

Cada um de nós, porém, pode e deve trabalhar para promover-se socialmente, conquistando, para si mesmo e para os seus, tudo quanto seja agradável, útil e concorra para aumentar a alegria de viver.

As leis morais

Não é verdade, pois, que o homem deva aceitar, passivamente, tudo que o excrucia; conformar-se, submisso, com a má organização da sociedade, responsável pela miséria de tantos; ou mesmo impor-se penitências voluntárias, por serem estas coisas conformes aos planos divinos a nosso respeito.

Se assim fora, Deus seria um sádico.

O que Ele quer, tal o ensino da Doutrina Espírita, é a felicidade de todos, não apenas *post-mortem*, num suposto paraíso de delícias, onde ninguém tenha o que fazer, mas desde agora e aqui mesmo, contanto que lhe compreendamos os amorosos e sábios desígnios e saibamos pautar nossos atos por uma fiel observância de suas leis.

Não, não é crime a busca do bem-estar.

Criminosa, isto sim, é a ignorância em que os homens vêm sendo mantidos acerca de seus direitos naturais, direitos esses inerentes à sua condição de filhos de Deus, sem acepção de raça, cor ou nacionalidade.

Criminosas são as manobras do egoísmo empregadas por uma minoria dominante, no sentido de impedir o advento da justiça social e a consequente melhoria do padrão de vida dos povos.

Criminosos são os gastos enormes que se fazem por toda a parte em programas armamentistas, em detrimento da produção dos bens de consumo que escasseiam ou faltam por completo em milhões de lares.

Criminoso é o desvio de vultosas parcelas da humanidade (exatamente os elementos mais válidos) dos trabalhos fecundos que ativam a civilização, para a improdutividade das casernas, ou, o que é pior, para as operações bélicas que destroem, em minutos, o que levou séculos para edificar.

Ao influxo da lei de evolução, pela qual tudo se engrandece e prospera, diz-nos ainda a Doutrina Espírita, os mundos também progridem, pois se destinam a oferecer aos seus habitantes condições de morada cada vez mais aprazíveis.

Não é possível, então, que a Terra permaneça, eternamente, como mundo de expiações e de provas.

O aperfeiçoamento da estrutura socioeconômica das nações terrenas é, assim, um imperativo categórico, e bom seria que, em vez de resistir às medidas que o favoreçam, as classes privilegiadas, em cujas mãos se encontram as rédeas do poder, renunciassem espontaneamente a algo do que lhes sobeja, em favor do bem-estar coletivo.

Isso evitaria os processos violentos e dolorosos que hão assinalado, até o presente, a marcha do progresso neste minúsculo planeta, inaugurando uma nova era, de compreensão e boa vontade, que os reacionários batizarão com outros nomes, mas que representará o triunfo do Cristianismo em sua expressão mais autêntica, mais nobre e mais bela.

21
A LEI DE DESTRUIÇÃO

Embora nos custe compreendê-lo, a destruição também se constitui Lei da natureza, um sábio desígnio providencial.

Já foi dito que a vida orgânica é indispensável à evolução dos seres, e daí haver Deus estabelecido as leis de reprodução e de conservação com o fim de, por meio delas, assegurar o desenvolvimento do princípio inteligente que neles se elabora.

Pois bem, a lei de destruição é, por assim dizer, o complemento do processo evolutivo, visto ser preciso morrer para renascer e passar por milhares de metamorfoses, animando formas corporais gradativamente mais aperfeiçoadas, e é desse modo que, paralelamente, os seres vão passando por estados de consciência cada vez mais lúcidos, até atingir, na espécie humana, o reinado da razão.

Destarte, em última análise, "a destruição não é mais que uma transformação que tem por finalidade a renovação e a melhoria dos seres vivos".

A parte essencial dos seres – lembram os luminares da espiritualidade – não é o envoltório físico, mas o elemento anímico que o impulsiona, elemento esse que, sendo também imortal nos animais, retorna ao palco da vida terrena para a continuação de sua jornada progressiva, como ocorre com todas as criaturas de Deus.

As leis morais

Sob outro prisma, ao se destruírem uns aos outros, pela necessidade de se alimentarem, os seres infra-humanos mantêm o equilíbrio na reprodução, impedindo-a de tornar-se excessiva, contribuindo, ainda, com seus despojos, para uma infinidade de aplicações úteis à humanidade.

Restringindo o exame desta questão apenas ao procedimento do homem, que é o que mais nos interessa, aprendemos com a Doutrina Espírita que a matança de animais, bárbara sem dúvida, foi, é e será por mais algum tempo necessária aqui na Terra, devido às suas grosseiras condições de existência. À medida, porém, que os terrícolas se depurem, sobrepondo o espírito à matéria, o uso de alimentação carnívora será cada vez menor, até desaparecer definitivamente, qual se verifica nos mundos mais adiantados que o nosso.

Aprendemos, mais, que em seu estado atual o homem só é escusado dessa destruição na medida em que tenha de prover ao seu sustento e garantir a sua segurança. Fora disso, quando, por exemplo, se empenha em caçadas pelo simples prazer de destruir, ou em esportes mortíferos, como as touradas, o "tiro aos pombos", etc., terá que prestar contas a Deus por esse abuso, que revela, aliás, predominância dos maus instintos.

No que tange aos flagelos naturais, como as inundações, as intempéries fatais à produção agrícola, os terremotos, os vendavais, etc., que soem causar tantas vítimas, instruem-nos, ainda, os mentores espirituais, são acidentes passageiros no destino da Terra (mundo expiatório), que haverão de cessar no futuro, quando a humanidade que a habite haja aprendido a viver segundo os mandamentos de Deus, pautados no amor, dispensando, então, os corretivos da dor.

Uma vez que a destruição se nos apresenta como uma lei natural, a pena de morte aplicada alhures, com o objetivo de eliminar os elementos tidos como perigosos, será também uma necessidade?

Não! "O homem julga necessária uma coisa, sempre que não descobre outra mais conveniente. À proporção que se instrui, vai compreendendo melhormente o que é justo e o que é injusto e repudia os excessos cometidos nos tempos de ignorância, em nome da justiça", dizem-nos as vozes do mundo maior.

Com efeito, há muitos outros meios comprovadamente mais eficazes de preservar a sociedade, do que o assassínio daqueles que a prejudicam, mesmo porque todo delinquente é um enfermo da alma, e aos enfermos deve-se acudir com a medicina e não com a morte.

A propósito, cumpre se diga que, graças ao progresso social, diminuiu consideravelmente o número de povos e dos casos em que tal pena continua em vigor, e dia virá em que será completamente abolida.

(q. 728 a 765.)

22
O ASSASSÍNIO

Em pleno século XX, homens existem que ainda defendem com ardor a pena capital para certos criminosos e, em vários casos, o direito de matar.

Via de regra, argumentam que o sexto mandamento não pode ser interpretado em sentido absoluto, já que o próprio Deus teria estatuído uma série de circunstâncias e de motivos em que o assassínio seria não apenas lícito, mas até aconselhável ou necessário.

Surgem, então, citações do Velho Testamento, quais as seguintes:

Se algum boi escornear homem ou mulher, que morra, será apedrejado, e não se comerão as suas carnes; o dono do boi, contudo, será inocente. Mas se o boi já era escorneador e o seu dono foi conhecedor disso e não o encurralou, matando homem ou mulher, o boi será apedrejado e também o seu dono morrerá. (ÊXODO, 21:28.)

"A feiticeira *não deixarás viver*." (ÊXODO, 22:18.)

"Todo aquele que se deitar com animal, *morrerá*." (ÊXODO, 22:19.)

"O que sacrificar aos deuses, e não só ao Senhor, *será morto*". (ÊXODO, 22:20.)

As leis morais

Se um homem tiver um filho contumaz e insolente, que não está pelo que seu pai e sua mãe lhe ordenam, e, castigado, recusar com desprezo obedecer-lhes, pegarão nele e o levarão aos anciães daquela cidade e, à porta onde se fazem os juízos, lhes dirão: Este nosso filho é rebelde e contumaz, despreza as nossas admoestações, passa a vida em comezainas, dissoluções e banquetes. *O povo da cidade o apedrejará e ele morrerá, para que assim tireis o mal do meio de vós.* (DEUTERONÔMIO, 22:18.)

Ainda segundo o Velho Testamento, Moisés teria recebido, diretamente de Deus, ordens taxativas e peremptórias para eliminar os transgressores da fé judaica e os adversários do povo judeu, como se vê nos seguintes excertos:

Estando os filhos de Israel no deserto, acharam um homem apanhando lenha no dia de sábado, o qual foi metido em prisão, porque ainda não se sabia o que deviam fazer com ele. Disse então o Senhor a Moisés: Este homem *morra de morte*, todo o povo o apedreje fora do arraial. Toda a congregação o lapidou, e o tal homem morreu, como o Senhor ordenara a Moisés. (NÚMEROS, 15: 32 a 36.)

Das cidades destas nações que o Senhor teu Deus te dá em herança, *nenhuma coisa que tem fôlego deixarás com vida*, antes *destruí-las-ás*, para que não vos ensinem as abominações que fizeram a seus deuses e pequeis contra o Senhor vosso Deus. (DEUTERONÔMIO, 20:18.)

Não é de se admirar, portanto, que, seguindo à risca tais prescrições, os reis de Israel tenham praticado os crimes mais horripilantes.

Uma pequena amostra:

Ajuntou Davi todo o povo e marchou contra Rabbath: e depois de combatida, a tomou... E trazendo os seus moradores, os mandou serrar, e que passassem por cima deles carroças ferradas, e que os fizessem em pedaços com cutelos, e os botassem em fornos de cozer tijolo. Assim o fez com todas as cidades dos amonitas [...]. (II REIS, 12:29 a 31.)

Se tais sentenças procedessem realmente de Deus – agora somos nós que o dizemos –, não haveria por que hesitarmos na prática de qualquer assassínio, visto que o (mau) exemplo viria de cima.

Já é tempo, entretanto, de sabermos que tudo o que se contém na *Bíblia*, em contraposição ao Decálogo, não é nem poderia ser de origem divina, mas tão somente preceitos humanos, quase sempre outorgados por Moisés para o povo judeu e para aquela época de ignorância e barbarismo.

Tanto assim que o Cristo, várias vezes, após fazer referência a eles, acrescentava: "eu, porém, vos digo", e se punha a ensinar coisas diametralmente opostas.

Efetivamente, aquele que ditou o Não matarás e "em quem não há mudança nem sombra de variação", segundo o apóstolo Tiago, não poderia contradizer-se, ordenando alhures: "*Mata, destrói, extermina!*".

Não se encontra, em todo o Evangelho, uma só passagem que autorize o uso da violência, nem mesmo uma palavra ofensiva, quanto mais o assassínio!

E a Doutrina Espírita, em tudo conforme com a moral cristã, proclama que, mesmo quando agredido e em situação extremamente difícil, cabe ao homem apenas o direito de defender-se, de modo que possa preservar sua vida, nunca o de atentar contra a de seu agressor, pois, qualquer que seja a hipótese, é preferível morrer a ter que matar.

(q. 748.)

～ 23 ～
HELIOTROPISMO ESPIRITUAL

Como se sabe, os grandes expoentes das artes jamais se deram por satisfeitos com aquilo que conseguiram realizar, não obstante suas produções se constituíssem de verdadeiras obras-primas; os cientistas, da mesma forma, desenvolvem permanentemente renovados esforços para aperfeiçoar tudo quanto existe a serviço do conforto e do bem-estar da humanidade, fenômeno esse que prova a insaciedade do espírito em seus anseios de glória e de progresso.

Mesmo entre as criaturas comuns, que nada têm de geniais, existirá quem não sinta, latente, dentro de si, esse desejo, sempre insatisfeito, de aprender, de conhecer coisas novas, de dilatar a esfera de seus conhecimentos, de desbravar os mistérios da natureza, de percorrer, um por um, todos os meandros das artes e das ciências?

Não cremos, a menos que se trate de seres anormais, porquanto esse impulso é natural e inerente à espécie humana; natural, dizemos, porque decorrente da ideia inata que se acha enraizada nas profundezas de sua consciência psíquica – a da certeza de sua imortalidade e de sua semelhança com o Criador, ao qual se dirige, tal qual as plantas heliotrópicas se voltam para o Sol quando ele esplende no horizonte.

Sim, a intuição da imortalidade é um fato, mesmo naqueles a quem a desilusão desta vida ou o orgulho fátuo levaram a abraçar as teorias malsãs do materialismo dissolvente, que por aí campeia, nestes últimos tempos, conturbando razões e anulando caracteres.

Ora, se a vida se limitasse ao insignificante ciclo do berço ao túmulo, se tudo findasse com a morte ou se a sobrevivência da alma se verificasse em condições tais que não comportasse nenhuma espécie de atividade, qual a origem, a causa, o motivo dessa sede de saber, desses desejos veementes de progresso, que não cessam jamais, a que nos referimos linhas acima?

Mas, não, a vida atual não é senão uma das fases da vida infindável, e a morte, consequentemente, não pode ser o término, porém simplesmente a junção, isto é, o umbral pelo qual passamos da vida corpórea para a vida espiritual, donde volveremos ao proscênio da Terra, a fim de representarmos os inúmeros atos do drama grandioso e sublime que se chama Evolução.

Temos, dentro de nós, em estado virtual, os germens dos nossos futuros desenvolvimentos. Como, porém, assimilar todos os conhecimentos do gênio e adquirir todas as virtudes da santidade numa única existência? Impossível! Daí a lei sábia e bendita dos renascimentos.

Ser bom não é tudo. Ser sábio não basta. É preciso ser bom e sábio. Urge, no entanto, crescer primeiramente em virtude e depois em sabedoria, porque a virtude do ignorante (a palavra ignorante, aqui, não tem o sentido pejorativo em que é empregada comumente) pode ser utilizada, perfeitamente, em benefício da coletividade, ao passo que a sabedoria nas mãos de um malvado pode converter-se numa arma terrível. Haja vista o que vai pelas chamadas grandes nações, onde os homens têm a inteligência prenhe de conhecimentos científicos, mas conservam seus corações duros, fechados aos códigos da moral evangélica.

O virtuoso sem sabedoria é um fruto silvestre: não satisfaz à vista, mas sacia a fome. O sábio sem virtude é uma flor artificial: tem beleza, mas não tem perfume.

Jesus é o protótipo da bondade e da sabedoria conjugadas e desenvolvidas em grau máximo. Imitá-lo, seguir-lhe as pegadas, eis o nosso alvo. Aliás, Ele mesmo o disse: "Eu sou o Caminho, a Verdade e a Vida. Ninguém vai ao Pai senão por mim".

Aqueles, cuja razão não pode, ainda, admitir a realidade das vidas sucessivas, como meio de depuração e perfectibilidade dos espíritos, em seu heliotropismo para Deus, lancem as suas vistas para os inúmeros povos disseminados pelo planeta, identifiquem-se com seus usos e costumes, bem assim com seus valores materiais e espirituais. Comparem, depois, o patrimônio cultural de cada um e verificarão, assombrados, quanto é enorme a diferença que separa os bárbaros e os selvagens (alguns até antropófagos), que habitam determinadas regiões do globo, dos homens civilizados das grandes metrópoles.

O contraste é chocante, mas perfeitamente explicável, desde que os consideremos como Espíritos em diversos graus de adiantamento, aglutinados em suas respectivas esferas.

Exclua-se, porém, a hipótese (digamos assim) reencarnacionista, isto é, negue-se aos brutos o direito ou a possibilidade de se adaptarem, através de múltiplas existências, aos centros urbanos, e estar-se-á negando a Providência divina, emprestando a Deus paixões que Ele não tem e preferências que aberram dos seus soberanos atributos.

A lei da reencarnação ou pluralidade das existências, por conseguinte, por atestar a justiça e a sabedoria de Deus, constitui o único meio através do qual poderemos atingir a meta dos nossos destinos, destinos esses consubstanciados naquelas imorredouras palavras do Cristo: "Sede perfeitos, como perfeito é o vosso Pai celestial".

(q. 753 a 765.)

24
A PENA DE TALIÃO

Pode parecer à primeira vista que justiça e misericórdia sejam virtudes antagônicas, que se excluam reciprocamente.

Daí a razão de muitos não compreenderem como possa Deus exercitá-las, sem que uma precise ser anulada para que a outra prevaleça.

Tudo, entretanto, se torna claro quando nos lembramos de que as boas qualidades morais são filhas do Amor e que este sentimento sublime sempre encontra meios de harmonizá-las.

Senão, vejamos.

A justiça exige que toda infração à Lei seja punida e desde a origem dos tempos isso tem acontecido, infalivelmente.

Aliás, todos os grandes missionários religiosos que têm vindo à Terra, inspirados que foram pelo Alto, estabeleceram em seus códigos a pena de talião, ou seja, castigo igual à culpa.

O "olho por olho e dente por dente", de Moisés, por exemplo, e o "quem com espada fere, com espada será ferido", do Cristo, são preceitos que consagram esse princípio fundamental da justiça.

As leis morais

Moisés, todavia, dava ao ofendido o direito de tirar desforra, pessoalmente e na proporção da ofensa recebida, enquanto o Cristo, surgindo entre nós quando era chegado o momento de os terrícolas darem início a uma fase mais avançada de sua evolução espiritual, trouxe como missão ensiná-los a quebrar as cadeias do mal a que se jungiam pela lei de ação e reação.

Introduziu nas relações humanas, então, uma nova ética: "amai vossos inimigos, fazei bem aos que vos têm ódio e orai pelos que vos perseguem e caluniam", exemplificando-a, ele mesmo, até as últimas consequências.

Não deixou, porém, de adverti-los, mui explicitamente: "Se perdoardes aos outros as faltas que cometerem contra vós, também vosso Pai celestial vos perdoará os pecados, mas, se não lhes perdoardes quando vos tenham ofendido, tampouco vosso Pai celestial vos perdoará os pecados".

Analisando, a fundo, estas novas regras de conduta, percebe-se conterem elas a mesma justiça da pena de talião, com a diferença de que, ao invés de "castigo igual à culpa", acenam com "prêmio igual ao merecimento".

Reparemos bem:

Aquele que revida ao seu ofensor com igual ofensa está exercendo a justiça, cobrando o que lhe devem, mas, por sua vez, terá de pagar na mesma moeda toda injúria que fizer a outrem.

Já aquele que perdoa as ofensas recebidas fica com um crédito do mesmo valor na contabilidade celeste, crédito esse que será levado em conta quando lhe aconteça cometer alguma falta. E quem não está sujeito a errar?

Por haver entendido perfeitamente esse mecanismo da Justiça divina é que o colégio apostólico proclamava, amiúde: "suportai-vos uns aos outros", "tende entre vós mútua caridade", "o amor cobre uma multidão de pecados", etc.

Talvez nos perguntem: no segundo caso, sendo o ofensor perdoado pelo ofendido, ficará sem a punição devida?

Absolutamente! A Providência cuidará disso e, seja na mesma existência ou em outra(s) posterior(es), ele "sofrerá o que tenha feito sofrer", não porque apraza a Deus castigar os culpados, mas para que todos se corrijam, progridam e sejam felizes.

E é assim, deixando-nos experimentar os funestos resultados de nossas más ações, bem como nos ensejando a oportunidade de emendar-nos através das vidas sucessivas, que Deus se revela, a um só tempo, soberanamente justo e misericordioso, como convém àquele que é o Santo dos santos.

Quando transportarmos para a vida prática os luminosos ensinamentos do Cristo, preferindo perdoar a usar de represálias, retribuindo ao mal com o bem, a paz e a alegria farão morada permanente em nossos corações, valendo isso dizer que já estaremos adentrando "o reino dos Céus".

(q. 764.)

25
SOCIABILIDADE

"O homem é um animal social", já o dizia, com acerto, famoso pensador da Antiguidade, querendo com isso significar que ele foi criado para viver, ou melhor, conviver com seus semelhantes.

A sociabilidade é instintiva e obedece a um imperativo categórico da lei do progresso que rege a humanidade.

É que Deus, em seus sábios desígnios, não nos fez perfeitos, fez-nos perfectíveis; assim, para atingirmos a perfeição a que estamos destinados, todos precisamos uns dos outros, pois não há como desenvolver e burilar nossas faculdades intelectuais e morais senão no convívio social, nessa permuta constante de afeições, conhecimentos e experiências, sem a qual a sorte de nosso espírito seria o embrutecimento e a estiolação.

Sendo o fim supremo da sociedade promover o bem-estar e a felicidade de todos os que a compõem, para que tal seja alcançado há necessidade de que cada um de nós observe certas regras de procedimento ditadas pela justiça e pela moral, abstendo-se de tudo que as possa destruir.

Com efeito, a boa ordem na sociedade depende das virtudes humanas. À medida que nos formos esclarecendo, tomando consciência de nossos deveres para com nós mesmos (amor ao trabalho, senso de responsabilidade, temperança, controle emocional, etc.) e para com a comunidade de que somos parte integrante (cortesia, desprendimento, generosidade, honradez, lealdade, tolerância, espírito público, etc.), cumprindo-os à risca, menores e menos frequentes se irão tornando os atritos e conflitos que nos afligem; mais estável será a paz e mais deleitável a harmonia que devem reinar em seu seio.

A par disso, para que a sociedade funcione e possa corresponder à sua finalidade, um outro princípio existe que precisa, também, ser observado: o da autoridade.

No menor tipo de sociedade que se conhece, o lar, por exemplo, se aquele que a deve exercer, o chefe de família, não recebe da parte da mulher e dos filhos o acatamento e a obediência devidos, a anarquia toma conta da casa, com sérios prejuízos para todos os familiares.

Na sociedade civil acontece o mesmo. Se os indivíduos e os grupos não derem correto atendimento às normas traçadas pelo governo (que deles recebeu delegação de poderes para dirigir os destinos do Estado), antes as infrinjam ou desobedeçam, a desordem não tardará a fazer-se senhora da situação, resultando nulas as medidas propostas no sentido do progresso social.

Um e outro – chefe de família e governo – não devem, porém, exorbitar de suas funções, seja impondo uma sobrecarga de obrigações aos que estejam subordinados à sua jurisdição, seja frustrando-lhes o gozo de seus direitos individuais, porque isso, então, já não seria autoridade, e sim tirania, despotismo.

Estes conceitos, ampliados, são válidos igualmente para a sociedade natural, formada pelo concerto das nações, cujos membros devem respeitar-se e auxiliar-se mutuamente, tudo fazendo pela concórdia entre os povos e a prosperidade universal, porque, interdependentes que são, sempre que alguns componentes do cosmo social entrem em guerra ou se vejam a braços com crises econômicas, todos haveremos, de uma forma ou de outra, de sofrer-lhes as danosas consequências.

Uma vez que a vida social é uma necessidade geral, que pensar daqueles que se isolam completamente, fugindo (segundo dizem) ao pernicioso contato do mundo?

Pela Doutrina Espírita, tal procedimento revela forte dose de egoísmo e só merece reprovação, visto que "não pode agradar a Deus uma vida pela qual o homem se condena a não ser útil a ninguém".

Já aqueles que se afastam do bulício citadino, buscando no retiro a tranquilidade reclamada por certa natureza de ocupação, assim os que se recolhem a determinadas instituições fechadas para se dedicarem, amorosamente, ao socorro dos desgraçados, obviamente, embora afastados da convivência social, prestam excelentes serviços à sociedade, adquirindo duplos méritos, porquanto, além da renúncia às satisfações mundanas, têm a seu favor a prática das leis do trabalho e da caridade cristã.

(q. 766 a 775.)

~ 26 ~
A MISSÃO DOS PAIS

Como todos sabem, os seres infra-humanos tornam-se adultos e, portanto, independentes dos pais em menos de um décimo do tempo médio de vida da respectiva espécie, enquanto o homem precisa de um terço de sua existência para alcançar a maturidade.

Em face disso, os cuidados e obrigações dos pais com os filhos, entre aqueles, são também muitíssimo menores do que na espécie humana.

O amor dos animais pela prole é mais instinto do que sentimento, e dura apenas enquanto seja necessário protegê-la contra aquilo e aqueles que lhe ameacem a sobrevivência, cessando, geralmente, quando ela se mostre apta a defender-se e a prover-se, por si mesma, do que tenha mister para a sua conservação.

Nos homens, esse amor não só é mais duradouro, pois persiste até à morte, como se manifesta em maior intensidade, atingindo, não raro, as raias do heroísmo.

Essa virtude, entretanto, como acontece com as demais, não se acha igualmente desenvolvida em todos os indivíduos.

Alguns existem que não têm pelos filhos o carinho e a solicitude das aves e dos mamíferos, já que não titubeiam em dá-los ou mesmo abandoná-los à própria sorte desde a mais tenra idade. Tais criaturas não se compenetraram, ainda, de quanto é sagrada a missão de ser pai ou mãe.

Outros, ao contrário, fazem dos filhos verdadeiros ídolos, que colocam acima de tudo e de todos, inclusive de Deus. Em seu fanatismo por eles, julgam-nos possuidores das mais excelsas qualidades, recusando-se a admitir sejam capazes de qualquer ação menos digna. Daí por que sempre encontram um meio de justificar-lhes os erros e as sordícias, enxergando neles, invariavelmente, "vítimas inocentes" da maldade do mundo.

Essa falta de equilíbrio entre o amor materno ou paterno e o senso de justiça pode levar (e tem levado) muitos pais a praticarem crueldades tremendas, desde que se trate de livrar os filhos de um vexame, uma dificuldade ou uma sanção dolorosa, embora lhes caiba inteira responsabilidade por tais situações.

A Doutrina Espírita nos esclarece que essa dedicação, diríamos mesmo essa devoção dos pais, e principalmente das mães pelos frutos de suas entranhas, conquanto compreensível e indispensável até certo ponto, pode tornar-se prejudicial se não for controlada pela mente, isto é, se não obedecer aos ditames da razão, porquanto aqueles aos quais chamamos "nossos filhos" são, como nós, Espíritos em evolução, reencarnados em nossos lares para que os auxiliemos a se melhorarem, a se despojarem de suas imperfeições.

Sob a aparência de angelitude que lhes caracteriza a infância (sábio processo da Providência para que nos afeiçoemos a eles), podem ocultar-se individualidades que se transviaram do bom caminho, necessitadas de reajuste, a exigirem de nós um pulso firme para conter-lhes os maus pendores, a par de segura orientação cristã para que possam reformar seus caracteres, adquirindo o gosto pelo que é belo, puro e nobre.

Nos primeiros anos de vida dos filhos, mais no período infantil do que na adolescência, é que podem os pais exercer salutar influência em favor do aprimoramento moral deles, através dos bons conselhos e, o que é mais importante, dos bons exemplos que lhes possam oferecer.

Se se descuidarem disso, ou, movidos por um amor piegas, deixarem sem corrigenda seus impulsos inferiores, vê-los-ão, ao atingirem a maioridade, reintegrarem-se na posse de si mesmos, revelarem-se abertamente tais quais são, com as fraquezas de que se ressentem e as viciações a que se afizeram em existências anteriores, pagando, então, com desgostos, vergonhas e humilhações, sua desídia para com a árdua, difícil, mas sublime tarefa que o Pai celestial há confiado aos progenitores aqui na Terra.

Ser pai ou mãe significa receber preciosos "talentos" que, conforme o ensino da parábola, devem ser movimentados com inteligência para que produzam os juros devidos, ou seja, o adiantamento daqueles por cuja educação nos tenhamos feito responsáveis.

Tratemos, portanto, de cumprir à risca os deveres que a paternidade ou a maternidade nos impõem, a fim de que, no dia da prestação de contas ao Senhor, possamos merecer a felicidade de ouvir dele estas confortadoras palavras:

"Bem está, servo bom e fiel... Compartilha da alegria do teu Senhor!".

(q. 773 a 775.)

— 27 —
A FAMÍLIA

A família é uma instituição divina cuja finalidade precípua consiste em estreitar os laços sociais, ensejando-nos o melhor modo de aprendermos a amar-nos como irmãos.

Existem grupos familiares cujas relações afetivas, por muito fracas, são rompidas facilmente, tomando cada qual o seu próprio rumo tão logo surja uma oportunidade propícia; em outros, entretanto, a amizade com que se querem e a abnegação recíproca de que dão provas chegam a alcançar as raias do sublime. E, entre esses extremos, um escalonamento quase infinito, em que a maioria dos terrícolas vamos fazendo o nosso aprendizado de fraternidade.

Alguém mais sensível, capaz de raciocinar em termos de eternidade e não apenas em função dos breves instantes de uma existência terrena, talvez nos indague:

Se a coexistência familiar tem como objetivo desenvolver e aprofundar a simpatia e a amizade entre os homens, podemos alimentar a certeza de que *post mortem* reencontraremos nossos entes queridos? O amor que nos tenha unido aqui na Terra será levado em conta por Deus, no sentido de garantir que continuemos juntos no Além? E a mãe que haja merecido o Céu, poderá trabalhar pela salvação dos filhos supostamente condenados ao inferno, de modo a poder aconchegá-los, novamente, em seus braços?

~ As leis morais ~

Pelo ensino da Teologia, a resposta a estas perguntas seria uma só: não, não e não, o que, se verdadeiro, tornaria insubsistentes os liames familiares e forçosa a conclusão de que fora melhor, neste caso, que ninguém se afeiçoasse a ninguém, para não sofrer, depois, com essa inexorável separação.

O Espiritismo, porém, que é o Consolador Prometido pelo Cristo, rasga-nos perspectivas bem mais animadoras.

Diz-nos, baseado no testemunho pessoal das almas trespassadas, que elas formam, no outro lado da vida, grupos afins, nos quais todos aqueles que se estimam permanecem unidos, integrando comunidades tanto mais felizes quanto mais perfeitas as qualidades morais que hajam adquirido. Quando uns reencarnam, seja em missão ou em expiação, os outros que se mantêm na pátria espiritual velam por eles, ajudando-os a saírem vitoriosos. Frequentemente aceitam novas encarnações no mesmo país, no mesmo meio social ou na mesma família, a fim de trabalharem juntos pelo ideal comum ou pelo seu mútuo adiantamento.

Mesmo os que tenham fracassado numa ou mais existências, e se achem, por isso, em regiões purgatoriais, sofrendo com as consequências de seus erros ou de suas paixões infamantes, não permanecem nessa situação mais que o tempo necessário a que se arrependam e se disponham a redimir-se. Tão logo isso aconteça, aqueles que os amam, embora retardando o seu progresso ou renunciando à felicidade a que fazem jus, descem a ampará-los, encorajam-nos e, não raro, precedem-nos no retorno à Terra, para recebê-los em tutela e encaminhá-los na senda do aperfeiçoamento.

Não se creia, todavia, que todos quantos aqui estiveram ligados pelo parentesco mantenham esses mesmos vínculos nas esferas espirituais. Enganam-se os que imaginam seja assim. As uniões, lá, conforme dissemos acima, obedecem à afeição real, à semelhança de inclinações ou à igualdade de nível evolutivo.

Destarte, as pessoas que se uniram, neste mundo, apenas pela atração física, por mera conveniência ou por outra razão qualquer, sem que, em tal convívio, a simpatia lhes fizesse vibrar as cordas do coração, estas, em verdade, "não têm nenhum motivo para se procurarem no mundo dos Espíritos, visto que as relações de natureza carnal ou de interesse exclusivamente material se extinguem com a causa que lhes deu origem". (KARDEC)

Não admitindo as doutrinas antirreencarnacionistas a preexistência das almas e, por conseguinte, seus inter-relacionamentos no passado; dogmatizando, por outro lado, que a diversidade da sorte, na vida futura, é definitiva e irreversível, sem qualquer possibilidade de comunicação entre as "eleitas" e as "rejeitadas", torna-as praticamente estranhas umas às outras, ao mesmo tempo que destrói as afeições nascidas e cultivadas ao influxo das ligações familiares.

Pela lei da reencarnação, ao contrário, as almas amigas se mantêm solidárias, não apenas durante o fugaz período que vai do berço ao túmulo, mas pelos milênios afora, gravitando, juntas, em busca de Deus, nosso Pai celestial.

(q. 773 a 775.)

~ 28 ~
A LEI DE PROGRESSO

Segundo a Teologia, o homem fora criado justo, puro, feliz, e assim poderia ter-se mantido por toda a eternidade. Tentado, porém, por Satanás, desobedeceu ao Criador, vindo a sofrer, em consequência desse grave pecado, "a privação da graça, a perda do paraíso, a ignorância, a inclinação para o mal, a morte e toda a sorte de misérias do corpo e da alma".

Em outras palavras, isso quer dizer que o gênero humano teria surgido na Terra perfeito, ou quase, mas depois se degradou. Há até quem opine que se vem tornando cada vez pior.

A Doutrina Espírita, ao contrário, afirma que o progresso é Lei natural, cuja ação se faz sentir em tudo no universo, não sendo admissível, por conseguinte, possa o homem frustrá-la ou contrapor-se-lhe.

Com efeito, impulsionado por ela, longe de haver "decaído", "o rei da criação" (o homem) foi perdendo, ao longo dos séculos, as ferezas do troglodita, a amoralidade do bárbaro, a insipiência do selvagem, num desenvolvimento intelecto-moral vagaroso, mas seguro e ininterrupto, eis que, "imagem e semelhança de Deus", está fadado a adquirir todos os conhecimentos da sabedoria e todas as virtudes da santidade.

Claro que ele se encontra, ainda, bastante distanciado dessa perfeição, mas quem quer que conheça um pouquinho de história da civilização, não pode deixar de reconhecer o enorme avanço, não só na técnica como nos costumes, que conseguiu realizar.

É verdade, sim, que o seu progresso moral se acha muito aquém do fabuloso progresso intelectual a que chegou, e daí porque prevalece, em nossos dias, uma ciência sem consciência, valendo-se, não poucos, de suas aquisições culturais, apenas para a prática do mal.

Os funestos resultados do mau emprego de sua inteligência recairão, porém, fatalmente, sobre si mesmo, arrancando-lhe "sangue, suor e lágrimas" em crescente profusão, até que, trabalhado pela dor, ganhará experiência, aprendendo então a equilibrar as forças da mente e do coração, como lhe convém, para que sua marcha ascensional se efetue sem quedas nem desvios.

É verdade, também, que o egoísmo e o orgulho, inspiradores de muitas das leis iníquas em vigência neste mundo, favorecendo os poderosos em prejuízo dos fracos, podem retardar, como efetivamente têm retardado, a prosperidade e o bem-estar comuns.

É que a Providência, para dar ao homem o mérito de elevar-se pelo próprio esforço e livre iniciativa, sempre lhe concede moratória para que corrija e aperfeiçoe suas instituições, visando àquele objetivo.

De tempo em tempo, entretanto, esgotados os compassos de espera, sacode-as violentamente, destruindo privilégios odiosos, preconceitos estúpidos e governos opressores, dando ensejo a que, embora a contragosto dos reacionários e dos retrógrados, o progresso se faça e a conduta humana se harmonize, gradativamente, com a Lei divina, que outra coisa não quer senão que os bens terrenos sejam partilhados equitativamente por quantos hajam concorrido para produzi-los, e que a Paz, alicerçada na justiça, seja uma bênção a felicitar todas as raças e nações.

Argumentam alguns filósofos que a civilização só serve para aumentar a ambição, estimular a vaidade, multiplicar os vícios, complicar e dificultar a vida, etc., e que seria melhor para o homem que ele retornasse ao estado primitivo, de ignorância e irresponsabilidade.

Se tais pensadores estivessem com a razão, e o gozo fosse inversamente proporcional ao grau evolutivo das criaturas, convir-nos-ia regredir, não apenas à semiconsciência do bruto, mas à condição de meros vermes...

O absurdo de semelhante concepção é evidente, não acham?

Antes de malsinar a civilização, urge que cada um de nós ofereça a sua contribuição pessoal para que ela se apure; e, em vez de tentarmos embaraçar a torrente do progresso, acompanhemo-lo, porque, resistir-lhe, é correr o risco de ser esmagado.

(q. 776 a 802.)

29
Terra – instituto educacional

Um instituto de educação, com seus vários cursos: jardim de infância, primário, ginásio, colégio, normal, etc. (Atualmente: pré-escola, ensino fundamental, médio e superior), constitui símile perfeito do que seja a Terra para os Espíritos que aqui se encarnam e reencarnam para realizarem uma parte de sua evolução.

Vejamos:

Tal como sucede nos educandários dessa espécie, em que a posição dos alunos nos diversos cursos resulta não propriamente da idade, mas da assimilação dos programas de cada ano ou grau que hajam frequentado, assim também, na Escola da Vida, o escalonamento dos Espíritos evolucionantes vai-se fazendo, não compulsoriamente, mas em função do bom aproveitamento de cada existência que se lhes proporciona.

Os povos primitivos formam, por assim dizer, o jardim de infância da humanidade terrena, enquanto no extremo oposto, os de civilização mais avançada, compõem as classes dos cursos secundários.

Em qualquer dos cursos, os alunos que se descuidam ou não se aplicam convenientemente em seus deveres, são obrigados a repetir determinados exercícios ou graus, quantas vezes se façam necessárias, até que os dominem satisfatoriamente. De modo análogo, em qualquer plano evolutivo em que se encontrem, os

As leis morais

Espíritos são compelidos, através das reencarnações, a reviver certos episódios ou a retornar ao mesmo meio social, tantas vezes quantas sejam precisas, para que tirem proveito das experiências que eles possam ensejar-lhes.

Os alunos dos cursos elementares são instruídos por normalistas, e os que frequentam cursos secundários são, por sua vez, lecionados por professores universitários. Semelhantemente, os povos selvagens também contam com Espíritos mais adiantados, que reencarnam entre eles a fim de iniciá-los no conhecimento ou despertar-lhes os bons sentimentos, o mesmo se verificando entre os civilizados, em cujo seio Espíritos de escol desempenham missões especiais, no campo da Ciência, da Arte, da Política, da Religião, etc., rasgando novos caminhos para o progresso e o bem-estar coletivos.

Nenhum aluno pode matricular-se regularmente num curso de grau médio sem haver passado antes pelo primário; nem no secundário, sem o aprendizado correspondente ao grau médio, e assim por diante, de sorte que cada discente se acha, exatamente, onde deve e precisa estar. O mesmo se dá com os Espíritos: sua encarnação, neste ou naquele povo, não se faz por acaso, mas em função de seu adiantamento, o que patenteia a Justiça divina, que não comete equívocos nem concede privilégios, retribuindo a todos rigorosamente de acordo com os seus méritos pessoais.

Como é óbvio, o aluno que, hoje, está fazendo o curso científico (atual ensino médio), foi, ontem, um dos que aprendiam a tabuada numa classe do primário, e aquele que, hoje, ainda está soletrando a cartilha, figurará, amanhã, entre os estudantes do clássico, capazes de expressar-se em diversas línguas. Igualmente, os Espíritos agora encarnados, entre povos que lideram a civilização, foram, no passado, brutais antropófagos, e aqueles que, em nossos dias, habitam as selvas, no futuro serão damas e cavalheiros cultos e educados, a se movimentarem em aristocráticos salões.

Os currículos dos vários graus ou séries de cada curso mantêm-se os mesmos sempre, salvo pequenas alterações, mas as respectivas classes vão-se renovando, de ano para ano, com os alunos novatos que vêm substituir os que foram promovidos. É o que acontece, também, com os povos primitivos e civilizados: eles se conservam mais ou menos estáveis, porque o lugar dos que se adiantam vai sendo tomado por outros Espíritos que necessitam das condições sociais que lhes são características para o seu gradual desenvolvimento intelectual e moral.

Nos dias de sabatinas ou de exames, os alunos têm que demonstrar, individualmente, quanto sabem de cada matéria, não sendo admitidas, em hipótese alguma, procurações dos interessados para que tais provas sejam realizadas por outrem. É essa, exatamente, a situação dos Espíritos perante Deus: têm que responder, pessoalmente, pelo que fizeram aqui neste mundo, sem que nenhuma igreja, nenhum santo, nenhum guia ou protetor, possa interferir em seu favor.

Uma vez vencido o período de aprendizagem proporcionado pelos institutos educacionais a que nos temos referido como exemplo, os estudantes que se disponham a fazer um curso superior passam a frequentar outras escolas, agora de nível universitário, onde irão estender e aprofundar os conhecimentos já adquiridos, iniciar-se em outros, e assim por diante. Os Espíritos que pertencem à nossa humanidade, tal e qual, após conquistarem o grau de progresso peculiar a este mundo, são transferidos para outros mais adiantados, nos quais começam novo ciclo evolutivo, e assim sucessivamente, até atingirem os planos mais felizes da espiritualidade, convertendo-se, então, em colaboradores da Providência, nas sublimes tarefas da Criação.

(q. 786 a 802.)

~ 30 ~
A EVOLUÇÃO DA HUMANIDADE

Em que pese à opinião dos céticos e das criaturas mal informadas, um exame atento e sem juízo preconcebido da conduta humana há de levar-nos à conclusão irrefutável de que, a despeito dos inúmeros males sociais que ainda nos assoberbam, a humanidade tem progredido, afastando-se, pouco a pouco, do egoísmo, da crueldade e da injustiça, fazendo que prevaleçam os sentimentos nobres, inspiradores dos mais belos e puros ideais.

Graças àqueles que, em vez de julgarem o mal uma fatalidade, se dispõem, ao contrário, a trabalhar pela vitória do bem, dia a dia mais se desenvolve a noção de solidariedade para com nossos semelhantes, mais vivazes se mostram os anseios pela abolição da guerra e maiores avanços se verificam na luta em prol dos direitos humanos. (q. 797.)

Uma boa prova disso no-la dão as Nações Unidas no relatório correspondente aos seus vinte anos de existência, iniciada a 24 de outubro de 1945. Digna de destaque, nesse documento, a informação de que algumas das nações mais prósperas estão doando seus excedentes agrícolas e outros gêneros alimentícios para amenizar os graves efeitos da fome em outras áreas do mundo, fornecendo-lhes, em complemento, vultosos empréstimos, em condições de resgate bastante vantajosas, bem assim assistência técnica, visando ao aumento da produção de víveres e consequente melhoria de seus padrões de nutrição.

As leis morais

Ressalte-se, por outro lado, o compartilhamento de conhecimentos científicos promovido pelas Nações Unidas, tendo em vista o desenvolvimento de todos os países e a eficiente ajuda da Organização Mundial da Saúde, um de seus órgãos, na elevação das condições sanitárias de toda a humanidade, seja amparando e fomentando a pesquisa médica internacional, seja auxiliando a erradicação de doenças epidêmicas ou de disseminação em massa, como a febre amarela, a varíola, a malária, a tuberculose, etc.

Perguntamos: essa colaboração espontânea dos povos mais adiantados em benefício dos menos desenvolvidos não constitui indício seguro de que estamos caminhando rumo ao altruísmo, ou seja, ao solidarismo cristão?

As relações amistosas entre as nações vão, a seu turno, ganhando extensão e profundidade. Haja vista que, através de mediações ou negociações entre as partes litigantes, vários conflitos armados foram evitados ou tiveram fim nestas últimas duas décadas, evitando-se, com tais soluções conciliatórias, o sacrifício de milhões de vidas.

O magno problema do desarmamento, inclusive a proscrição das armas de destruição maciça, um dos objetivos precípuos da ONU, tem sido alvo, igualmente, de persistentes debates no seio da Assembleia Geral e, apesar das divergências entre as principais potências nele interessadas, notáveis progressos já foram alcançados, dando-nos a esperança de que um acordo geral venha a ser firmado em breve, garantindo-se, finalmente, a segurança e a paz internacionais.

Enquanto esse dia não chega, as guerras continuam flagelando diversas regiões, obrigando milhares de pessoas a deixar suas pátrias em busca de refúgio em outros países. Sob os auspícios das Nações Unidas, porém, esses refugiados (menores de idade, em grande parte) recebem abrigo, alimentação, cuidados médicos, educação e formação profissional, tornando-se, assim, capazes de se autossustentarem onde quer que venham a viver.

Tais realizações revelam que entre os homens não existe apenas ódio, mas também muita bondade e muito esforço sincero no sentido de acabar com o sofrimento.

Fecunda e incansável, do mesmo modo, tem sido a porfia da Organização das Nações Unidas pela implantação da justiça social em todas as partes do mundo, e daí o haver elaborado e proclamado, a 10 de dezembro de 1948, a Declaração Universal dos Direitos Humanos, segundo a qual todos, indistintamente, têm "direito à vida, à liberdade e segurança física, à liberdade de movimento, de religião, de associação e de informação; o direito a uma nacionalidade; o direito de trabalhar sob condições favoráveis, recebendo remuneração igual por igual trabalho realizado; o direito ao casamento e a constituir família".

Certos setores especializados, como os direitos da mulher, os direitos da criança e a eliminação da discriminação racial na educação, no emprego, nas práticas religiosas e no exercício dos direitos políticos, têm-lhe merecido, outrossim, acurados estudos, dos quais resultaram declarações especiais, juntamente com a solicitação a todos os seus Estados membros de providências efetivas para a concretização dos princípios aprovados.

Não é só. Agindo em consonância com os propósitos gerais da Organização, as Nações Unidas utilizaram fortes estímulos junto aos povos dependentes para que reivindicassem o autogoverno, resultando desse apoio o surgimento de grande número de novas nações independentes, notadamente na Ásia e na África, fazendo que seu quadro de membros, que abrangia apenas 51 Estados fundadores, subisse para 114. Isso equivale a dizer que "as liberdades fundamentais do homem" vigoram, hoje, em mais do dobro dos países que, há vinte anos, gozavam desse privilégio.

A evolução da humanidade, como se vê, é "palpável". Não enxergá-la, pois, é dar mostra de acentuada miopia espiritual.

~ 31 ~
Influência do Espiritismo no progresso da humanidade

O progresso da humanidade, sem dúvida, é lento, muito lento mesmo, mas constante e ininterrupto.

Ainda quando pareça estar regredindo, o que ocorre em certos períodos transitórios, esse recuo não é senão o prenúncio de nova etapa de ascensão.

O que a conduz sempre para a frente são as novas ideias, as quais, via de regra, são trazidas à Terra por missionários incumbidos de lhe ativarem a marcha.

Acontece, entretanto, que "a natureza não dá saltos", e qualquer princípio mais avançado, que fuja aos padrões culturais estabelecidos, só ao cabo de várias gerações logra ser aceito e assimilado pelos que seguem na retaguarda.

Essa resistência às concepções modernas, sejam elas políticas, sociais ou religiosas, parece um mal, mas em verdade é um bem, porque funciona como um processo de seleção natural, fazendo que as destituídas de real valor desapareçam e caiam no olvido, para só vingarem aquelas que devam contribuir, efetivamente, para o aperfeiçoamento das instituições.

As leis morais

O Espiritismo é um desses movimentos e se destina não apenas a abrir um campo diferente de pesquisas à Ciência, mas principalmente a marcar uma nova era na história da humanidade, pela profunda revolução que provoca em seus pensamentos e em seus ideais, impulsionando-a para a sublimação espiritual, pela vivência do Evangelho.

Talvez nos perguntem: se é assim, se o Espiritismo está fadado a exercer grande influência no adiantamento dos povos, porque os Espíritos não desencadeiam uma onda de manifestações ostensivas, patentes, de modo que todos, até mesmo os materialistas e os ateus, sejam forçados a crer neles e nas informações que nos trazem acerca do outro lado da vida?

Respondemos: Porventura o Cristo conseguiu convencer os seus contemporâneos quando realizou, às suas vistas, os feitos mais surpreendentes, nos três anos em que com eles conviveu publicamente?

Tais manifestações sempre ocorreram e continuam ocorrendo por toda a parte. No entanto, seja por orgulho ou outra razão qualquer, quantos lhes reconhecem a autenticidade ou se dignam levá-las a sério, tirando delas as deduções filosóficas que suscitam?

Não! Não é esse o meio pelo qual os homens haverão de ser convencidos, mas sim pela inteligência, pela razão, o que, como ficou dito de início, demanda algum tempo.

Não se pode negar importância aos fenômenos espíritas, pela comprovação que oferecem da existência e da imortalidade da alma; todavia, forçoso é convir, o Espiritismo começou a implantar-se no mundo, principalmente nas classes mais cultas, só depois de codificado, isto é, que se revestiu de um corpo de doutrina.

"Enquanto sua influência não atinge as massas" – como bem observou Kardec –, "ele vai felicitando os que o compreendem.

Mesmo os que nenhum fenômeno têm testemunhado, dizem: à parte esses fenômenos, há a filosofia, que me explica o que *nenhuma outra* me havia explicado. Nela encontro, por meio unicamente do raciocínio, uma solução *racional* para os problemas que no mais alto grau interessam ao meu futuro. Ela me dá calma, firmeza, confiança; livra-me do tormento da incerteza. Ao lado de tudo isto, secundária se torna a questão dos fatos materiais." (O *livro dos espíritos*, "Conclusão V").

Tomando por base a difusão extraordinária que alcançou em apenas um século de existência, século esse abalado e conturbado pelas mais terríveis guerras da História, é de se esperar que, muito em breve, venha o Espiritismo a tornar-se crença comum, ou melhor, um *conhecimento universal*, "porque o próprio Cristianismo é quem lhe abre o caminho e lhe serve de apoio".

A venerável Federação Espírita Brasileira, por meio de sua editora, uma das maiores do continente, vem dando, nesse sentido, uma contribuição valiosíssima, como nenhuma outra entidade o tem feito.

Suas edições de livros básicos da Doutrina, inclusive em esperanto, além de se espalharem por todo o Brasil e pelas Américas, têm penetrado, também, em dezenas de outros países da Europa, da Ásia e da África, concorrendo sobremaneira para a reforma e a evangelização da humanidade, apressando, assim, a construção de um mundo melhor, alicerçado no amor, na justiça, na paz e na fraternidade universais.

Que Deus, pois, a ampare e continue a iluminar seus dirigentes, a fim de que seja cada vez mais digna da sublime tarefa que Jesus lhe há confiado.

(q. 798 a 802.)

~ 32 ~

A LEI DE IGUALDADE

Ensina a Doutrina Espírita que, perante Deus, todos os homens são iguais, pois tiveram o mesmo princípio e destinam-se, sem exceção, ao mesmo fim: a glória e a felicidade.

As dessemelhanças que apresentam entre si, quer em inteligência, quer em moralidade, não derivam da natureza íntima deles; resultam apenas de haverem sido criados há mais ou há menos tempo e do maior ou menor aproveitamento desse tempo, no desenvolvimento das aptidões e virtudes que lhes são intrínsecas, consoante o bom ou o mau uso do livre-arbítrio por parte de cada um.

Essa igualdade absoluta dos homens perante Deus seria válida também em Sociologia?

"Não; nem é possível. A isso se opõe a diversidade das faculdades e dos caracteres", já o disseram, há mais de um século, as vozes que ditaram a Kardec os delineamentos filosóficos do Espiritismo.

A ambição e a inveja de uns, somadas ao idealismo irrefletido de outros, fazem que muitos sonhem com uma quimérica igualdade das riquezas, que, se chegasse a concretizar-se, "seria desfeita a curto prazo pela força das coisas" –, acrescentaram, ainda, aquelas mesmas vozes.

Não se infira daí que as falhas de nossa estrutura socioeconômica, responsáveis por tantos sofrimentos, não devam ser sanadas. Pelo contrário, todos devemos lutar para que as instituições terrenas se aperfeiçoem, permitindo alcancemos uma situação tal em que caiam os privilégios de casta ou de nascimento; extingam-se os preconceitos de cor, de raça e de crença; haja oportunidades educacionais para quantos as desejem, indistintamente; as sanções penais não recaiam tão somente sobre os fracos; a mão de obra seja associada e não escrava do capital, etc.

O melhor meio de atingirmos esse objetivo, todavia, não é a subversão da sociedade, o que retardaria o progresso e o bem-estar coletivos, mas sim a cristianização do homem, levando-o ao cumprimento exato de seus deveres para consigo mesmo, para com o próximo e para com Deus, incutindo-lhe, outrossim, serena e inabalável confiança nos desígnios da Providência, que não desampara ninguém e, malgrado certas aparências enganadoras, a todos retribui de conformidade com seus méritos, através do mecanismo das vidas sucessivas.

Urge compreendamos que, qualquer que seja a posição em que se achem situados, "todos os homens são proletários da evolução" e que a diversidade de funções no complexo social é tão indispensável à sua harmonia quanto as variadas finalidades dos órgãos o são ao equilíbrio de nosso organismo.

"Que os trabalhadores da direção saibam amar e que os da realização nunca odeiem" (EMMANUEL), tal a equação oferecida pelo Evangelho à problemática social.

Quando o egoísmo e o orgulho deixarem de ser os sentimentos predominantes na Terra; quando compreendermos que somos todos irmãos, amando-nos realmente uns aos outros como preceitua a Religião; todo homem de boa vontade achará ocupação adequada às suas aptidões que lhe garanta o mínimo necessário a uma vivência compatível com a dignidade humana, e mesmo aqueles que não mais possam manter-se em atividade, por doença ou velhice, terão a seu favor o amparo da lei, sem que precisem humilhar-se, recorrendo à caridade pública.

Beneficiados pela Lei de Deus, que nos assinalou um só e único destino, busquemos, todos, conquistar a sabedoria e o amor, razão teleológica de nossa existência, dedicando-nos ao trabalho e à prática do bem, guardando a certeza de que, embora momentaneamente colocados em diferentes planos na paisagem social da Terra, em atenção às necessidades evolutivas de cada qual, todos caminhamos para um estado de justiça perfeita, o que vale dizer – todos haveremos de sentir, um dia, o "reino do Céu" dentro de nossos próprios corações.

(q. 803 a 824.)

33
A IGUALDADE DE DIREITOS DO HOMEM E DA MULHER[3]

Disseram, com muito acerto, as entidades que forneceram a Kardec os subsídios com que foi composto *O livro dos espíritos*, que Deus outorgou a ambos os sexos os mesmos direitos, sob qualquer ponto de vista, e que a situação de inferioridade em que se acha a mulher, em quase todo o mundo, é devida ao "predomínio injusto e cruel que sobre ela assumiu o homem", ou seja o "abuso da força sobre a fraqueza".

Efetivamente, as pesquisas sociológicas comprovam que a supremacia masculina só foi obtida pela violência, visto que, tão inteligente quanto o homem, a mulher tê-lo-ia auxiliado e acompanhado nas glórias de que se ufana, caso não fosse cerceada, em sua liberdade e em seus anseios de realização, por leis e preconceitos engendrados pelo sexo forte, exclusivamente ao sabor do egoísmo que o tem caracterizado ao longo das idades.

---

[3] N.E.: As ideias expostas neste capítulo encerram opinião pessoal do autor e refletem o espírito da época em que foram emitidas. Sabe-se que hoje, após diversos movimentos, a mulher se firmou como um importante agente na construção de uma nova sociedade, acarretando mudanças sociais, políticas e econômicas.

As leis morais

É possível tenha existido um período na evolução da sociedade em que a mulher houvesse exercido papel predominante na família e na tribo, cabendo-lhe, inclusive, a iniciativa de tomar marido ou maridos, se assim o desejasse (o que deve ter durado muito pouco); é certo que ainda existem alguns povos de civilização primária, em que a mulher tem maior importância econômica que o homem, dando origem a uma linhagem matrilinear, segundo a qual o nome dos filhos, a herança, etc., provêm da mãe e não do pai; é verdade que, aqui, ali e acolá, algumas mulheres ascenderam à chefia de nações, mas são casos excepcionais.

A regra, desde as sociedades primevas, foi e continua sendo a sujeição da mulher.

A periódica perturbação uterina que a acomete, a fragilidade de sua constituição orgânica e a maior sensibilidade com que Deus a criou, predispondo-a à delicadeza das funções maternais, sempre a prejudicaram na competição dos sexos, condenando-a, em todas as fases de sua vida e em todo e qualquer sistema social vigente, à subordinação e à obediência a um homem: o pai, o irmão mais velho, o sogro, o marido ou o filho.

No estágio da caça, era ela quem construía a cabana, mantinha-a em ordem, lenhava, cozinhava e fazia as vestes para a família, além de cuidar dos filhos, enquanto o homem descansava, folgadamente, nos intervalos de suas excursões cinegéticas. Nas marchas, era usada como besta de carga, transportando quase toda a bagagem, e, se se mostrasse incapaz de acompanhar o bando, era abandonada pelo caminho.

Mais tarde, quando deixou de ser nômade para aplicar-se à agricultura e ao pastoreio, misteres estes que exigiam maior resistência física, o homem habilitou-se ainda mais a impor sua supremacia, já que a mulher, presa ao lar, foi-se enfraquecendo ao afeiçoar-se à arte do cesto e da esteira, à tecelagem, à costura, à cerâmica e a outros afazeres que tais.

Com o crescimento da propriedade transmissível, constituída de produtos da terra, gado, etc., cresceu também a subordinação da mulher. É que o homem, conquanto se permitisse exercitar o sexo fora de casa, como coisa absolutamente natural, passou a exigir dela a mais perfeita castidade antes do casamento e a mais completa fidelidade depois, cioso de que a herança só fosse transmitida a filhos seguramente seus. E assim nasceu a moralidade dupla, que perdura até hoje.

A partir daí, foi a mulher submetida a um regime de reclusão, rigorosíssimo em alguns povos, atenuado em outros, pagando com a morte o adultério, antes tolerado como pecado venial. No Oriente, até bem pouco tempo, ela não tinha o direito de sobreviver ao marido, devendo suicidar-se ou ser morta para acompanhá-lo na sepultura.

A família patriarcal, com o macho mais velho à frente, impôs-se, a esta altura, definitivamente, fazendo-se a base econômica, moral, legal e política da sociedade.

Esposa e filhas tornaram-se, então, verdadeiras escravas do chefe de família, que delas dispunha, a seu belprazer, como "coisas" de sua propriedade. Aquela podia ser repudiada com uma simples palavra ou dada em pagamento de dívidas; estas, vendidas a quem as quisesse adquirir, sem que lhe importasse conhecer o objetivo da transação.

Entre os judeus, o casamento fazia-se, não raro, por compra. Jacó pagou Lia e depois Raquel com catorze anos de trabalho no clã do sogro, sete para cada uma; já o profeta Oseias obteve sua mulher por muito menos: apenas quinze ciclos de prata e alguma quantidade de cevada.

As leis morais

Na velha Rússia, por ocasião do casamento das filhas, o pai aplicava-lhes, de leve, algumas chicotadas, e depois entregava o chicote ao marido, numa transmissão de poder.

Na Grécia, em plena "idade do ouro", Sólon baixou um decreto, pelo qual "qualquer ato realizado sob a influência de uma mulher não seria considerado válido perante a justiça", sendo que seu compatriota, o não menos famoso Eurípedes, considerava-a "vítima de irremediável inferioridade mental".

Nos primórdios de Roma era comum as crianças do sexo feminino serem abandonadas num distrito baixo e pantanoso, situado perto do Monte Aventino, onde eram devoradas por aves de rapina, pelos cães ou por feras. Salvavam-se apenas as que eram apanhadas por mercadores de escravos, que as destinavam ao meretrício.

Muitas mães, para livrarem as filhas de tanta miséria, preferiam destruí-las ao nascerem. Vem daí, certamente, o maior regozijo, mesmo em nossos dias, com o nascimento dos meninos do que com o das meninas.

Como mulher e prole se constituíssem unidades de trabalho lucrativas, a poligamia expandiu-se, visto que cada nova mulher que desposava era, para o homem, como que a aplicação de capital a lhe produzir juros.

Assim, quase todos os homens ricos "possuíam", além da "esposa principal", quantas concubinas lhes aprouvessem, sendo considerado tanto mais próspero quanto maior fosse o número delas e de filhos.

Gradualmente, com o progresso moral, as concubinas foram desaparecendo, até que, com o advento do Cristianismo, os povos que o adotaram erigiram o casamento monogâmico como a única forma legítima de associação dos sexos.

As restrições às atividades da mulher, todavia, persistiram. Embora honrada no lar, não lhe davam oportunidade de ilustrar-se além do necessário ao múnus doméstico, nem lhe permitiam ombrear-se com o homem na vida pública.

As religiões (dominadas pelo homem) também hão considerado a mulher como um ser inferior. Haja vista que em algumas não lhe permitem sequer entrar nos templos; em outras, de coadjuvar nas cerimônias ritualísticas; o *Alcorão*, livro sagrado dos muçulmanos, refere-se a ela como criatura imperfeita, chegando a declarar, explicitamente, que o homem pode até espancá-la; nas próprias igrejas cristãs o sacerdócio é dignidade privativa do sexo masculino e se, por um lado, exaltam a mulher na pessoa da mãe de Jesus, por outro apontam-na como agente do demônio, causa da perdição da humanidade.

Há pouco mais de meio século, vencendo barreiras milenares, a mulher vem ampliando bastante sua atuação na sociedade, participando de tarefas outrora unicamente masculinas, mas não conseguiu ainda ficar em pé de igualdade com o homem, pois até em países de cultura mais avançada continuam a negar-lhe regalias políticas e a exigir-lhe autorização do marido para que possa praticar diversos atos de natureza civil.

Chegará o dia em que, completamente emancipada, a mulher venha a desfrutar os mesmos direitos do homem?

Sim, di-lo a Doutrina Espírita, visto que inexistem razões em contrário. Entretanto, "preciso é que cada um esteja no lugar que lhe compete, de conformidade com suas aptidões", porquanto, se tudo é lícito a ambos, cabe ao bom senso determinar o que seja mais conveniente ao homem e à mulher, para a perfeita harmonia no lar e, consequentemente, no corpo social.

Querendo, talvez, compensar-se do longo período de escravização a que foi submetida, a mulher moderna está agora cometendo um grave erro: o de subestimar ou mesmo rejeitar a sublimidade das funções que lhe foram destinadas pela Providência, masculinizando-se no pior sentido.

Troca as alegrias sacrossantas do lar pelos gozos turvos do mundanismo, imita o homem em seus desvarios e licenciosidades e deixa de dar aos filhos a atenção e o carinho devidos, perdendo, *ipso facto*, o seu amor e o seu respeito, e, o que é pior, contribuindo, em grande parte, para que eles (os filhos), sentindo-se desprezados, se revoltem contra a vida, como o prova esse trágico fenômeno a que se convencionou chamar "juventude transviada".

Acreditamos, todavia, que esse estado de coisas seja transitório. A mulher acabará compreendendo que, para ser verdadeiramente feliz, deve voltar a ocupar-se dos seus deveres de esposa e de mãe, enquanto o homem, descendo do pedestal de pretensa superioridade em que se colocou, há de tributar-lhe o merecido apreço, convencido, finalmente, de que sua companheira faz jus às mesmas prerrogativas humanas, pois, em última análise, é a sua "cara-metade".

(q. 817 a 822.)

34

A LEI DE LIBERDADE

O homem é, por natureza, dono de si mesmo, isto é, tem o direito de fazer tudo quanto achar conveniente ou necessário à conservação e ao desenvolvimento de sua vida.

Essa liberdade, porém, não é absoluta, e nem poderia sê-lo, pela simples razão de que, convivendo em sociedade, o homem tem o dever de respeitar esse mesmo direito em cada um de seus semelhantes.

Isto posto, todo e qualquer costume, que torne uma pessoa completamente sujeita a outra, constitui uma iniquidade contrária à Lei de Deus.

Durante muito tempo, aceitou-se, como justa, a escravização dos povos vencidos em guerras, assim como foi permitido, pelos códigos terrenos, que homens de certas raças fossem caçados e vendidos, quais bestas de carga, na falsa suposição de que eram seres inferiores e, talvez, nem fossem nossos irmãos em humanidade.

Coube ao Cristianismo mostrar que, perante Deus, só existe uma espécie de homens e que, mais ou menos puros e elevados eles o são, não pela cor da epiderme ou do sangue, mas pelo espírito, isto é, pela melhor compreensão que tenham das coisas e principalmente pela bondade que imprimam em seus atos.

As leis morais

Felizmente, de há muito que a escravatura foi abolida e, com ela, o privilégio que tinha o senhor de poder maltratar impunemente o escravo, ou mesmo matá-lo, se assim lhe aprouvesse.

Agora, todos somos cidadãos, podendo dispor, livremente, de nossos destinos.

A liberdade de pensamento e a de consciência, por se inscreverem, também, entre os direitos naturais do homem, conquanto padeçam, ainda, aqui, ali e acolá, certas restrições e repressões, vêm alcançando, igualmente, notáveis progressos.

De século para século, menos dificuldade encontra o homem para pensar sem peias e, a cada geração que surge, mais amplas se tornam as garantias individuais no que tange à inviolabilidade do foro íntimo.

O sistema do "crê ou morre", que alguns retrógrados desejariam ver restabelecido, está definitivamente superado e não voltará jamais, de jeito nenhum.

Vingam e viçam, hoje, ideias bem diferentes.

Nas dissensões religiosas, as chamas das fogueiras foram substituídas pelas luzes do esclarecimento, e na catequese filosófica ou política, estejamos certos, daqui para o futuro, buscar-se-á empregar, cada vez mais, a força da persuasão em vez da imposição pela força.

Sinais evidentes desta evolução, temo-los: a) na orientação que os dois papas, João XXIII e Paulo VI, deram à Igreja Católica, inclinando-a ao liberalismo e à tolerância, como o provam as decisões tomadas no Concílio Ecumênico recentemente encerrado, entre elas, a extinção do famigerado *Index Librorum Prohibitorum*, ou seja, o rol dos livros proibidos pela congregação do Santo Ofício, no qual eram incluídas todas as obras que, embora edificantes, infirmassem ou contradissessem a sua doutrina, e b) na linha adotada pela União das Repúblicas Socialistas Soviéticas, ao optar pela propaganda ideológica como o meio mais eficaz de atrair os povos para o socialismo, em lugar da conquista pelas armas, como o fazia até há alguns anos.

Sem dúvida, estamos ainda muito distantes de uma vivência mundial de integral respeito às liberdades humanas; todavia, já as aceitamos como um ideal a ser atingido, e isso é um grande passo, pois tal concordância há de levar-nos, mais dia, menos dia, a esse estado de paz e de felicidade a que todos aspiramos.

(q. 825 a 872.)

~ 35 ~
O LIVRE-ARBÍTRIO

O livre-arbítrio é definido como "a faculdade que tem o indivíduo de determinar a sua própria conduta", ou, em outras palavras, a possibilidade que ele tem de, "entre duas ou mais razões suficientes de querer ou de agir, escolher uma delas e fazer que prevaleça sobre as outras".

Problema fundamental da Filosofia ética e psicológica, vem sendo estudado e discutido acaloradamente desde os primeiros séculos de nossa era, dando ensejo a que se formulassem, a respeito, várias doutrinas díspares e antagônicas até.

Acham alguns que o livre-arbítrio é absoluto, que os pensamentos, palavras e ações do homem são espontâneos e, pois, de sua inteira responsabilidade.

Evidentemente, laboram em erro, porquanto não há como deixar de reconhecer as inúmeras influências e constrangimentos a que, em maior ou menor escala, estamos sujeitos, capazes de condicionar e cercear a nossa liberdade.

No extremo oposto, três correntes filosóficas existem que negam peremptoriamente o livre-arbítrio: o fatalismo, o predestinacionismo e o determinismo.

Os fatalistas acreditam que todos os acontecimentos estão previamente fixados por uma causa sobrenatural, cabendo ao homem apenas o regozijar-se, se favorecido com uma boa sorte, ou resignar-se, se o destino lhe for adverso.

Os predestinacionistas baseiam-se na soberania da graça divina, ensinando que desde toda a eternidade algumas almas foram predestinadas a uma vida de retidão e, depois da morte, à bem-aventurança celestial, enquanto outras foram de antemão marcadas para uma vida reprovável e, consequentemente, precondenadas às penas eternas do inferno. Se Deus regula, antecipadamente, todos os atos e todas as vontades de cada indivíduo – argumentam –, como pode este indivíduo ter liberdade para fazer ou deixar de fazer o que Deus terá decidido que ele venha a fazer?

Estas duas doutrinas, como se vê, reduzem o homem a simples autômato, sem mérito nem responsabilidade, ao mesmo tempo que rebaixam o conceito de Deus, apresentando-o à feição de um déspota injusto, a distribuir graças a uns e desgraças a outros, unicamente ao sabor de seu capricho. Ambas repugnam às consciências esclarecidas, tamanha a sua aberração.

Os deterministas, a seu turno, sustentam que as ações e a conduta do indivíduo, longe de serem livres, dependem integralmente de uma série de contingências a que ele não pode furtar-se, como os costumes, o caráter e a índole da raça a que pertença; o clima, o solo e o meio social em que viva; a educação, os princípios religiosos e os exemplos que receba; além de outras circunstâncias não menos importantes, quais o regime alimentar, o sexo, as condições de saúde, etc.

Os fatores apontados acima são, de fato, incontestáveis e pesam bastante na maneira de pensar, de sentir e de proceder do homem.

Assim, por exemplo, diferenças climáticas, de alimentação e de filosofia fazem de hindus e americanos do norte tipos humanos que se distinguem profundamente, tanto na compleição física, no estilo de vida, como nos ideais; via de regra, a fortuna nos torna soberbos, enquanto a necessidade nos faz humildes; um dia claro e ensolarado nos estimula e alegra, contrariamente a uma tarde sombria e chuvosa, que nos deprime e entristece; uma sonata romântica nos predispõe à ternura, ao passo que os acordes marciais nos despertam ímpetos belicosos; quando jovens e saudáveis, estamos sempre dispostos a cantar e a dançar; já na idade provecta, preferimos a meditação e a tranquilidade, etc.

Daí, porém, a dogmatizar que somos completamente governados pelas células orgânicas, de parceria com as impressões, condicionamentos e sanções do ambiente que nos cerca, vai uma distância incomensurável.

Com efeito, há em nós uma força íntima e pessoal que sobre-excede e transcende a tudo isso: nosso "eu" espiritual!

Esse "eu", ser moral ou alma (como quer que lhe chamemos), numa criatura de pequena evolução espiritual, realmente pouca liberdade tem de escolher entre o bem e o mal, visto que se rege mais pelos instintos do que pela inteligência ou pelo coração. Mas, à medida que se esclarece, que domina suas paixões e desenvolve sua vontade nos embates da vida, adquire energias poderosíssimas que o tornam cada vez mais apto a franquear obstáculos e limitações, sejam de que natureza forem. Não é só. Habilita-se também a pesar as razões e medir consequências, para decidir sempre pelo mais justo, embora desatendendo, muitas vezes, aos seus próprios desejos e interesses.

Um dia, como o Cristo, poderá afirmar que já venceu o mundo, pois, mesmo faminto, terá a capacidade de, voluntariamente, abster-se de comer; conquanto rudemente ofendido, saberá refrear sua cólera e não revidar à ofensa; e, ainda que todos ao seu derredor estejam em pânico, manterá, imperturbável, sua paz interior.

(q. 843 a 850.)

36

FATALIDADE E DESTINO

Fatalidade e destino são dois termos que se empregam, amiúde, para expressar a força determinante e irrevogável dos acontecimentos da vida, bem assim o arrastamento irresistível do homem para tais sucessos, independentemente de sua vontade.

Estaríamos nós, realmente, à mercê dessa força e desse arrastamento?

Raciocinemos:

Se *todas* as coisas estivessem previamente determinadas e nada se pudesse fazer para impedi-las ou modificar-lhes o curso, a criatura humana se reduziria a simples máquina, destituída de liberdade e, pois, inteiramente irresponsável.

Subsequentemente, os conceitos de bem e mal ficariam sem base, tornando nulo todo e qualquer princípio ditado pela moral.

Ora, é evidente que, quase sempre, nossas decepções, fracassos e tristezas decorrem, não de nossa "má estrela", como acreditam os supersticiosos, mas pura e simplesmente de nossa maneira errônea de proceder, de nossa falta de aptidão para conseguir o que ambicionamos, ou por uma expectativa exageradamente otimista sobre o que este mundo nos possa oferecer.

As leis morais

Importa reconhecermos, entretanto, que, embora grande parte daquilo que nos acontece sejam consequências naturais de atos consciente ou inconscientemente praticados por nós, ou por outrem, com ou sem a intenção de atingir-nos, vicissitudes, desgostos e aflições há que nos alcançam sem que possamos atribuir-lhes uma causa cognoscível, dentro dos quadros de nossa existência atual.

Sirvam-nos de exemplo certos acidentes pessoais, determinadas doenças e aleijões, desastres financeiros absolutamente imprevisíveis, que nenhuma providência nossa ou de quem quer que seja teria podido evitar, ou o caso de pessoas duramente feridas em suas afeições ou cujos reveses cruéis não dependeram de sua inteligência, nem de seus esforços.

As doutrinas que negam a pluralidade das existências, impossibilitadas de apresentar uma explicação satisfatória para essa importante questão, limitam-se a dizer que os desígnios de Deus são imperscrutáveis, ou a recomendar paciência e resignação aos desgraçados, como se isso fosse suficiente para saciar a sede das mentes perquiridoras e tranquilizar os corações dilacerados pela dor.

A Doutrina Espírita, ao contrário, com a chave da reencarnação, faz-nos compreender claramente o porquê de todos os problemas relacionados com a nossa suposta "má sorte".

Os acontecimentos que nos ferem e magoam, no corpo ou na alma, sem causa imediata nem remota nesta vida, longe de se constituírem azares da fatalidade ou caprichos de um destino cego, são efeitos da lei de retorno, pela qual cada um recebe de volta aquilo que tem dado.

Em anterior(es) existência(s), tivemos a faculdade de escolher entre o amor e o ódio, entre a virtude e o vício, entre a justiça e a iniquidade; agora, porém, temos que sofrer, inexoravelmente, o resultado de nossas decisões, porque "a semeadura é livre, mas a colheita é obrigatória".

Quando assim não seja, as dificuldades e os sofrimentos por que passamos fazem parte das provas por nós mesmos escolhidas, antes de reencarnarmos, com o objetivo de desenvolver esta ou aquela boa qualidade de que ainda nos ressentimos, ativando, destarte, nosso aperfeiçoamento, a fim de merecermos acesso a planos mais felizes onde a paz e a harmonia reinam soberanamente.

Em suma, algumas circunstâncias graves, capazes de ensejar nosso progresso espiritual, podem, sim, ser fatais; mas já vimos que somos nós próprios, no exercício do livre-arbítrio, que lhes geramos as causas determinantes.

Nosso presente nada mais é, portanto, que o resultado de nosso passado, assim como nosso futuro está sendo construído agora, pelos pensamentos, palavras e ações de cada momento.

Tratemos, então, de dignificar nossa presença em face da Terra, agindo sempre em conformidade com as Leis divinas, para que nossas agruras de hoje se transformem, amanhã, somente em bênçãos e alegrias, bem-estar e tranquilidade.

(q. 851 a 872.)

37

COMO CONQUISTAR

A PROSPERIDADE

Indagação de Kardec:

"Assim como há pessoas a quem a sorte em tudo é contrária, outras parecem favorecidas por ela, pois que tudo lhes sai bem. A que atribuir isso?".

Resposta de seus instrutores espirituais:

"De ordinário, é que essas pessoas sabem conduzir-se melhor em suas empresas [...]".

Aí está. A aparente "boa sorte" nada mais é que o resultado de uma conduta inteligente em face das vicissitudes terrenas.

Se quisermos prosperar, urge, antes de mais nada, que nós determinemos claramente o objetivo a ser alcançado. Não pode ter ímpeto de subir quem não tem orientação. Aquele que não sabe para onde vai, acaba por acomodar-se à situação em que está, deixando passar as horas, os dias e os anos na mais completa passividade.

Outrossim, não devemos esperar, ingenuamente, que nos convidem a participar do banquete da vida. Quando ficamos na expectativa da ocasião oportuna para intentarmos algo, geralmente ela não chega. É preciso partir em direção do triunfo desejado, arrostando sacrifícios, desafiando contingências, criando, enfim, as oportunidades que almejamos, tendo sempre na lembrança aquela máxima que nos adverte: "Há poucos bancos com sombra no caminho da glória".

Quase todas as pessoas têm aspirações, desejos; poucas, entretanto, as que se propõem chegar à meta de seus sonhos. Diariamente desperdiçam ensejos de se melhorarem, renovam promessas e intenções, mas o certo é que jamais chegam a realizá-las.

Cumpre estejamos advertidos, também, de que apreciável parte do que fazemos é produto ou resultado de influências que outros exercem em nós e muitas de nossas atitudes são o reflexo desse poder. Inconsciente ou conscientemente, imitamos, amoldamos, copiamos os atos e pensamentos de outras pessoas.

Assim, pois, se pretendemos classificar-nos entre os homens de primeira ordem, não devemos louvar-nos nos indolentes, nem nos negligentes, menos ainda nos pessimistas, que façam diminuir o nosso interesse pelas coisas grandiosas, inclinando-nos para a mediocridade e o comodismo. Inspiremo-nos, isto sim, naqueles que mostram possuir uma vontade poderosa, dominante, e que por ela conseguiram vencer suas próprias fraquezas e deficiências, chegando a ocupar lugares de destaque, valor e distinção.

Investiguemos como e por que essas pessoas conseguiram sobrepor-se a todas as adversidades, como e por que se tornaram verdadeiros luminares, escrevendo, com seus exemplos, episódios sublimes de paciência, firmeza e pugnacidade.

Procuremos conhecer a biografia dessas criaturas vitoriosas que se constituíram paradigmas para a humanidade e sigamos-lhes, corajosamente, as pegadas.

Como disse o grande Rui Barbosa, em *Oração aos moços*,

a vida não tem mais que duas portas: uma de entrar, pelo nascimento; outra de sair, pela morte. [...] Em tão breve trajeto cada um há de acabar a sua tarefa. Com que elementos? Com os que herdou e os que cria. Aqueles são a parte da natureza. Estes, a do trabalho. [...] Ninguém desanime, pois, de que o berço lhe não fosse generoso, ninguém se creia malfadado, por lhe minguarem de nascença haveres e qualidades. Em tudo isso não há surpresas, que se não possam esperar da tenacidade e santidade do trabalho.

Qualquer, portanto – concluímos nós –, nos limites de sua energia moral, pode reagir sobre as desigualdades nativas e, pela fé em si mesmo, pela atividade, pela perseverança, pelo aprimoramento constante de suas faculdades, igualar-se e até mesmo sobrepujar os que a natureza ou a sociedade melhor haviam aquinhoado.

Nesse aprimoramento, não devem ser esquecidas certas virtudes a que poderíamos chamar domésticas, como a pontualidade, a delicadeza, a sobriedade, a ética profissional, etc., de que necessitamos para uso cotidiano, pois muitos homens mentalmente superiores têm fracassado em seus empreendimentos por negligenciarem de tais predicados.

Faz-se mister, ainda, que adquiramos o hábito da economia e nele nos adestremos. Não certamente, como alguns indivíduos, que se privam do útil e até do necessário, só para ficarem mais ricos; tampouco procedendo como aqueles que gastam tudo quanto possuem, e às vezes mesmo o que não possuem, perdulariamente, em coisas supérfluas ou no aprazimento de vícios perniciosos e vaidades tolas. Esses dois extremos são deformações infelizes. O ideal está no meio termo: não ser pródigo, nem avarento, mas criterioso no gastar, graduando as necessidades na proporção das rendas que se tenham, de sorte que haja sempre algumas sobras, para com elas formar um pecúlio que nos ponha a salvo das incertezas do amanhã.

Mas fixemos bem isto: não é apenas o dinheiro que devemos poupar. Há outros bens de maior valia que precisam e devem ser poupados com mais cuidado ainda. É o tempo, que não convém ser malbaratado à toa, mas sabiamente aproveitado na aquisição de novos conhecimentos e experiências que nos enriqueçam a personalidade. São as energias físicas e espirituais, que não devem ser dissipadas loucamente em noites maldormidas, na satisfação de prazeres desonestos, pois tais desregramentos, além de serem contrários aos princípios da moral cristã, arruínam a saúde, roubam a paz interior e aviltam a dignidade humana.

Ao contrário do que a alguns possa parecer, o progresso é ilimitado, infinito, existindo sempre mil e uma possibilidades de realizações bem inspiradas, capazes de nos premiarem com o êxito e a prosperidade.

Assumamos, portanto, uma atitude de otimismo e de autoconfiança e marchemos, resolutos, para a frente, sempre para a frente, na convicção plena e inabalável de que a vida é bela e boa e venturosa, para todos aqueles que a saibam viver!

(q. 864.)

— 38 —
Conhecimento do futuro

Pode o homem conhecer o seu futuro? E, se pode, deve procurar conhecê-lo?

Eis aí duas perguntas interessantíssimas, às quais responde a Doutrina Espírita da seguinte maneira:

Essa possibilidade, se bem que muito relativa, existe, sim, já que as pessoas trazem, ao nascer, certas tendências, aptidões e qualidades inatas, cujas manifestações, mais ou menos evidentes, permitem prever, até certo ponto, o que serão ou o que farão na vida.

Afora isto, porém, tudo o mais será bem mais difícil, por duas razões.

Primeira: grande parte de nossa sorte futura ainda não está nem poderia estar delineada, semelhando-se a páginas em branco de um livro parcialmente anotado. É que se todo sucesso tem uma causa, reciprocamente, cada causa produz determinado efeito. Destarte, os acontecimentos porvindouros de nossa existência vão depender do que estivermos fazendo agora, com as modificações provocadas por aquilo que formos fazendo de instante a instante.

Segunda: as circunstâncias a que chamaríamos inevitáveis, ligadas ao nosso carma (débitos ou créditos perante a Justiça divina, resultantes de nosso procedimento em encarnações anteriores), por outro lado também não podem ser-nos desvendadas, pois,

> se o homem conhecesse o futuro, negligenciaria do presente e não obraria com a liberdade com que o faz, porque o dominaria a ideia de que, se uma coisa tem que acontecer, inútil será ocupar-se com ela, ou então procuraria obstar a que acontecesse. Não quis Deus que assim fosse, a fim de que cada um concorra para a realização das coisas, *até daquelas a que desejaria opor-se* [...]. (O *livro dos espíritos*, q. 869.)

Algumas vezes, entretanto, o futuro pode ser revelado, e o tem sido. É quando a revelação favoreça a consumação de algo em benefício da humanidade.

Importa esclarecer, todavia, que, embora muitos fatos possam ser previstos, por constarem dos planos das entidades espirituais que, como prepostos de Deus, dirigem os destinos do mundo ou têm sob sua tutela este ou aquele setor das atividades humanas, o livre-arbítrio das pessoas diretamente ligadas a esses fatos é sempre respeitado, de modo a que, em última instância, tenham plena liberdade de cumprir ou não as tarefas que lhes estavam assinaladas, assim como de resistirem ou cederem (como no caso de Judas) a um alvitre que poderá acarretar-lhes as mais dolorosas consequências.

Isto deixa claro que ninguém é constrangido, de forma absoluta, a obrar desta ou daquela maneira, e que ninguém, jamais, há sido predestinado a praticar um crime ou qualquer outro ato delituoso que envolva responsabilidade moral.

O que sucede é que "cada um é tentado segundo suas próprias concupiscências", conforme diz o Evangelho, e como quem se aproxima de uma forja acesa grande probabilidade tem de se queimar, também o ambicioso pode sucumbir ante uma situação que lhe exacerbe a cobiça, e assim por diante.

Sempre que, por exemplo, algo de suma importância deva necessariamente acontecer, e aquele ou aqueles que seriam os possíveis agentes não se mostrem à altura, ou se tenham desviado de moto próprio do caminho que os levaria a tal objetivo, as referidas entidades espirituais sabem como encaminhar as coisas de maneira que outrem lhes tomem o lugar, o mesmo acontecendo quando, inversamente, o desfecho é que deva ser outro.

O interesse – diríamos melhor –, a curiosidade que tantos demonstram em conhecer o seu futuro apresenta sérios inconvenientes.

Um deles, o de contribuir para que espertalhões sem escrúpulos façam da astrologia, da cartomancia, da necromancia, da quiromancia, da vidência, etc. rendosos meios de vida.

Outro, a sôfrega expectativa de um evento feliz, a falta de iniciativa e de ação, julgadas desnecessárias, ante a "segurança" de um porvir próspero e venturoso, do que podem resultar terríveis decepções, ou, ainda, o desespero, senão mesmo a loucura e o suicídio ante um funesto presságio.

O Espiritismo, amiúde e injustamente confundido com as práticas adivinhadeiras, saibam-no de uma vez por todas, não as utiliza nem as recomenda; pelo contrário, desaconselha-as aberta e veementemente, pois, embora admita a possibilidade de eventuais revelações do futuro, subordina-as a estas duas condições: 1) a espontaneidade; 2) um fim sério que as justifique, em conformidade com os desígnios providenciais.

(q. 868 a 872.)

39
DIREITO E JUSTIÇA

Direito e justiça deveriam ser sinônimos perfeitos, ou seja, deveriam expressar a mesma virtude, pois, se aquele significa "o que é justo", esta se traduz por "conformidade com o direito".

Lamentavelmente, porém, aqui na Terra, direito e justiça nem sempre se correspondem, porque, ignorando ou desprezando a Lei de Deus, outorgada para a felicidade universal, a justiça humana há feito leis prescrevendo como direitos umas tantas práticas que favorecem apenas os ricos e poderosos, em detrimento dos pobres e dos fracos, o que implica tremenda iniquidade, assim como há concedido a alguns certas prerrogativas que de forma nenhuma poderiam ser generalizadas, constituindo-se, por conseguinte, em privilégios, quando se sabe que todo privilégio é contrário ao direito comum.

O escravismo, com todas as crueldades que lhe eram peculiares, por exemplo, foi por muito tempo consagrado como coisa legal, isto é, um "direito" assegurado pelos sistemas sociais vigentes por mais de um milênio; o assassínio igualmente tem sido utilizado, em inúmeros casos, qual um "direito", não apenas pelos indivíduos como pela própria sociedade; o *jus primae noctis*, na Idade Média, dava ao barão feudal "direito" de deitar-se com a noiva dos seus servos antes que ela se juntasse ao noivo; no século XVII, quando era costume todos os homens portarem um instrumento mortífero, pois tinham que estar preparados para matar ou ser mortos, aos nobres cabia o "direito" de se armarem com espadas de um metro de comprimento, enquanto os plebeus só podiam usar punhais de até trinta centímetros; nações houve e talvez ainda haja, cuja governança, por "direito" expresso em suas constituições, só podia ser exercida por alguém de determinada confissão religiosa, com exclusão das demais; o exercício de cargos eletivos, em muitos países, era ou ainda é um "direito" civil reservado exclusivamente aos proprietários; regimes de trabalho especiais, aposentadorias especiais, gratificações especiais, imunidades especiais, isenções especiais, licenças especiais, etc., são outros tantos "direitos" sacramentados por leis, em um e outro hemisfério.

Ora, esses modos de agir, conquanto baseados na jurisprudência terrena, não se harmonizam com a verdadeira justiça, a justiça natural, que o divino mestre Jesus sintetizou na máxima: "Tudo o que vós quereis que os homens vos façam, fazei-o também vós a eles." (MATEUS, 7:12.)

Se a aplicássemos em nossas relações sociais, em toda e qualquer circunstância, jamais erraríamos. Ninguém deseja para si senão o que é agradável, bom e útil; assim, se cada qual procedesse com seus irmãos de conformidade com aquela regra, é evidente que só lhes faria o bem, resultando daí a extinção do egoísmo, que é a causa máter de quase todos os atritos e conflitos que infelicitam a humanidade.

"Em todos os tempos e sob o império de todas as crenças" – comenta Kardec (q. 876) –, "sempre o homem se esforçou para que prevalecesse o seu direito pessoal. A sublimidade da religião cristã está em que ela tomou o direito pessoal por base do direito do próximo."

Talvez nos digam que se os homens atribuírem a si mesmos, indistintamente, iguais direitos, a hierarquia de poderes será desfeita e então o caos, e não a ordem, é que prevalecerá no complexo social.

Respondemos com as vozes do Alto:

Os direitos naturais são os mesmos para todos os homens, desde os de condição mais humilde até os de posição mais elevada. Deus não fez uns de limo mais puro do que o de que se serviu para fazer os outros, e todos, aos seus olhos, são iguais. *Esses direitos são eternos. Os que o homem estabeleceu perecem com as suas instituições.* Demais, cada um sente bem a sua força ou a sua fraqueza e saberá sempre ter uma certa deferência para com os que o mereçam por suas virtudes e sabedoria. É importante acentuar isto, para que os que se julgam superiores conheçam seus deveres, a fim de merecer essas deferências. *A subordinação não se achará comprometida, quando a autoridade for deferida à sabedoria.* – Grifos nossos. (q. 878.)

Com efeito, não há razão para temer-se que o reconhecimento da igualdade dos homens possa prejudicar a organização social.

Muitos costumes do passado, que hoje consideraríamos bárbaros e monstruosos, foram julgados "direitos" naturais, conformes aos códigos da época, e sua supressão, ao invés de arruinar a sociedade, vem-na tornando cada vez mais perfeita, aproximando-a, pouco a pouco, do estado ideal.

À medida que os homens progridem em moralidade, melhores concepções vão tendo acerca de tudo, de sorte que, quando o Cristianismo se haja implantado, de verdade, em cada coração, o Direito e a Justiça confundir-se-ão finalmente, fundamentando-se numa só norma: *"ama a teu próximo como a ti mesmo",* pois em tal consiste "toda a Lei e os profetas".

40
O DIREITO DE PROPRIEDADE

A Doutrina Espírita nos ensina que o direito de viver é "o primeiro de todos os direitos do homem", cabendo-lhe, subsequentemente, também o de "acumular bens que lhe permitam repousar quando não mais possa trabalhar".

Se todos os homens fossem previdentes e, em vez de malgastar seus rendimentos no vício e no luxo, tratassem de formar um pecúlio com que assegurar a tranquilidade de sua velhice, a sociedade não teria que arcar, como hoje acontece, com o pesado ônus da manutenção de tantas criaturas que chegam ao fim de seus dias na maior indigência, precisadas de teto, alimento, agasalho, remédio, etc.

O desejo de possuir, com o fim de resguardar-se das incertezas do futuro, não justifica, entretanto, os meios que certos homens soem empregar para conseguir bens de fortuna.

Propriedade legítima – di-lo o Espiritismo – só é aquela que foi conseguida por meio do *trabalho honesto, sem prejuízo de ninguém.*

Ora, se se pudesse investigar a origem de muitas fortunas acumuladas nas mãos de determinadas famílias, verificar-se-ia, com horror, que são frutos de roubos vergonhosos, traficâncias infames e crimes execráveis.

As leis morais

O tempo, porém, tudo santifica, de sorte que, após algumas gerações, tais haveres se transformam em "sagrado e inviolável patrimônio", defendido com unhas e dentes pelos netos e bisnetos dos ladrões, traficantes e criminosos que o erigiram.

Não raro, essas fortunas se transferem, por herança, a pessoas que solicitaram, no plano espiritual, a oportunidade de voltar ao proscênio da Terra para dar-lhes uma aplicação nobre, proporcionando assim uma reparação àqueles que inicialmente as adquiriram mal, reparação essa que, se efetuada, lhes suavizaria os remordimentos de consciência.

Quase sempre, todavia, não resistem ao fascínio das riquezas e, longe de corresponderem ao que delas se esperava, deixam-se tomar pela cobiça, tratando de aumentar, egoisticamente, aquilo que receberam.

Daí a afirmação do Mestre, de que "é mais fácil passar um camelo pelo fundo de uma agulha do que um rico entrar no reino dos Céus". (MATEUS, 19:24.)

Neste mundo e no grau evolutivo em que nos encontramos, a aquisição e a defesa da propriedade individual devem e precisam ser consagradas, porque a ambição é, e tão cedo não deixará de sê-lo, um dos mais fortes sentimentos humanos, constituindo-se, mesmo, em mola propulsora do progresso.

Pretender-se que, a curto prazo, o homem renuncie aos interesses pessoais em nome de um ideal igualitário, é desconhecer-lhe a natureza e esperar o impossível.

Tanto assim que a União Soviética, onde essa prerrogativa democrática foi proscrita, começa a admitir ser isso um erro, um entrave ao seu desenvolvimento, dispondo-se a uma revisão do assunto, de modo a reinstituir o direito de propriedade, por ser ele o mais poderoso estímulo à produtividade do indivíduo.

O que de melhor se deve fazer não é confiscar os haveres de quem quer que seja, mas aperfeiçoar nossas leis, criando condições para que aumente o número de proprietários, mediante uma participação mais equitativa da riqueza.

À medida que se adianta espiritualmente, o homem passa a compreender que, em última análise, ninguém é dono de nada, pois tudo pertence a Deus, sendo, todos nós, meros usufrutuários dos bens terrenos, já que eles não poderão seguir conosco, de forma alguma, além das fronteiras da morte. Por conseguinte, se a Providência no-los confia, por determinado período, não é para que os utilizemos em proveito exclusivamente familiar, mas para que aprendamos a movimentá-los em benefício de todos, dando--lhes uma função social.

Filhos que somos do Pai celestial e portanto coerdeiros do universo, dia virá – se bem que assaz longínquo – quando, libertos, por merecimento, do ciclo de reencarnações em mundos grosseiros como o nosso, haveremos de tornar-nos puros Espíritos, tendo por morada as suaves e maravilhosas esferas siderais.

Será, então, com imensa autopiedade que nos recordaremos desta fase de nossa evolução em que tão grande é o nosso apego a uns pedacinhos de chão lamacento e tão desesperada a nossa luta por uns papeizinhos coloridos, estampados na Casa da Moeda...

(q. 880 a 885.)

41
ESMOLA E CARIDADE I

Esmola e caridade são tidas, por alguns, como uma só e mesma coisa, enquanto para outros a primeira seria apenas uma faceta da segunda, ou melhor, uma de suas múltiplas manifestações.

Por outro lado, há quem considere a esmola um constrangimento para aquele que a dá e uma humilhação para o que a recebe, negando, assim, seu caráter filantrópico.

Do ponto de vista espírita, pode haver: esmola sem caridade, esmola com caridade e... caridade sem esmola, dependendo tudo dos sentimentos que acompanhem ou inspirem o modo de agir das criaturas.

Antes, porém, de dar prosseguimento à tese que nos propomos desenvolver, conceituemos um e outro termo:

"Esmola", para nós, é a *coisa* que se dá, como, por exemplo, dinheiro, comida, remédio, vestimenta, etc., enquanto "caridade" é essencialmente *amor*, não amor a nós mesmos (egoísmo), mas amor ao próximo (altruísmo).

Feita essa distinção, aliás necessária, ser-nos-á fácil demonstrar agora o que afirmamos linhas acima.

Entre as *esmolas sem caridade* incluem-se as doações arrancadas contra a vontade, por injunções a que, a pesar seu, a "vítima" não pôde resistir nem esquivar-se; os auxílios dados com fins propagandísticos, seja para "fazer cartaz" em períodos pré-eleitorais, seja para exaltação da própria personalidade, visando a granjear fama de santo ou de benemérito; os donativos feitos com total indiferença pela sua aplicação, assim como quem atira fora a ponta de seu charuto, etc.

A essas e outras esmolas, em que o coração não intervém, é que o apóstolo Paulo quis referir-se em sua *Primeira epístola aos coríntios*, quando disse: "Mesmo que eu houvesse distribuído meus bens para alimentar os pobres, se eu não tivesse caridade, de nada me serviria".

As *esmolas com caridade*, a seu turno, compreendem uma escala progressiva de mérito, não evidentemente em função do *quantum* distribuído, mas sim dos *estados de alma*, que lhes sejam intrínsecos. Em outras palavras, isto quer dizer que a esmola será tanto mais meritória aos olhos de Deus quanto mais puro seja o seu conteúdo caritativo, isto é, quanto mais às escondidas seja feita, quanto mais delicadeza encerre, quanto mais abnegação expresse e quanto menos vergonha cause a quem a recebe.

No primeiro degrau situam-se os óbolos concedidos de boa vontade, quando solicitados, esperando os doadores provas de gratidão dos infelizes aos quais favoreceram.

No segundo, as esmolas da mesma espécie, cujos autores, conquanto não contem com a gratidão imediata dos homens, têm como certo tornarem-se merecedores do paraíso por causa delas.

No terceiro, as espontâneas, porém não na justa medida dos recursos de que disponha o esmoler.

No quarto, as dadas com alegria e em acordo com as possibilidades de quem as dá, mas de forma que o favorecido saiba a procedência do favor recebido.

No quinto, idem, mas já sem que o beneficiado tenha conhecimento de quem seja o seu benfeitor.

No sexto, aquelas que se realizam em absoluto anonimato e de maneira tal que nem o dispensador de benefícios conheça individualmente seus beneficiários, nem estes possam identificar o filantropo que os ajuda.

No sétimo, aquelas que, em vez de simplesmente socorrer os pobres, os enfermos, enfim, os necessitados de todos os matizes, concorram para eliminar a pobreza, a enfermidade e os demais aspectos da miséria humana, ensejando novas e mais amplas oportunidades de educação e trabalho, elevando física, mental, espiritual e socialmente os párias de todo o mundo, para que se promovam, sintam-se "gente" como nós e experimentem, cada vez mais, "a alegria de viver".

E a *caridade sem esmola*, em que consiste? como pode ser praticada?

Consiste no cultivo das virtudes cristãs, que são "filhas do Amor", havendo para todos inúmeras formas de exercitá-la.

Sim, do nababo ao mendigo, "ninguém há que, no pleno gozo de suas faculdades, não possa prestar um serviço qualquer, prodigalizar um consolo, minorar um sofrimento físico ou moral, fazer um esforço útil". (KARDEC)

Podendo, como pode, o ouro amoedado, transformar-se em toda sorte de bens e utilidades de consumo é, sem dúvida, um precioso elemento de que a caridade sói lançar mãos nas tarefas do bem; nem sempre, entretanto, é ele o recurso mais apropriado para estancar lágrimas, curar feridas e dirimir aflições, pois males existem, e infinitos, em que as boas qualidades do coração valem mais ou operam melhor que todas as riquezas materiais.

42

Esmola e caridade II

Escusam-se muitos de não poderem ser caridosos, alegando precariedade de bens, como se a caridade se reduzisse a dar de comer aos famintos, dar de beber aos sedentos, vestir os nus e proporcionar um teto aos desabrigados.

Além dessa caridade, de ordem material, outra existe – a moral, que não implica o gasto de um centavo sequer e, não obstante, é a mais difícil de ser praticada.

Exemplos? Eis alguns:

Seríamos caridosos se, fazendo bom uso de nossas forças mentais, vibrássemos ou orássemos diariamente em favor de quantos saibamos acharem-se enfermos, tristes ou oprimidos, sem excluir aqueles que porventura se considerem nossos inimigos.

Seríamos caridosos se, em determinadas situações, nos fizéssemos intencionalmente cegos para não vermos o sorriso desdenhoso ou o gesto desprezivo de quem se julgue superior a nós.

Seríamos caridosos se, com sacrifício de nosso valioso tempo, fôssemos capazes de ouvir, sem enfado, o infeliz que nos deseja confiar seus problemas íntimos, embora sabendo de antemão nada podermos fazer por ele, senão dirigir-lhe algumas palavras de carinho e solidariedade.

As leis morais

Seríamos caridosos se, ao revés, soubéssemos fazer-nos momentaneamente surdos quando alguém, habituado a escarnecer de tudo e de todos, nos atingisse com expressões irônicas ou zombeteiras.

Seríamos caridosos se, disciplinando nossa língua, só nos referíssemos ao que existe de bom nos seres e nas coisas, jamais passando adiante notícias que, mesmo sendo verdadeiras, só sirvam para conspurcar a honra ou abalar a reputação alheia.

Seríamos caridosos se, embora as circunstâncias a tal nos induzissem, não suspeitássemos mal de nossos semelhantes, abstendo-nos de expender qualquer juízo apressado e temerário contra eles, mesmo entre os familiares.

Seríamos caridosos se, percebendo em nosso irmão um intento maligno, o aconselhássemos a tempo, mostrando-lhe o erro e despersuadindo-o de o levar a efeito.

Seríamos caridosos se, privando-nos, de vez em quando, do prazer de um programa radiofônico ou de TV de nosso agrado, visitássemos pessoalmente aqueles que, em leitos hospitalares ou de sua residência, curtem prolongada doença e anseiam por um pouco de atenção e afeto.

Seríamos caridosos se, embora essa atitude pudesse prejudicar nosso interesse pessoal, tomássemos, sempre, a defesa do fraco e do pobre, contra a prepotência do forte e a usura do rico.

Seríamos caridosos se, mantendo permanentemente uma norma de proceder sereno e otimista, procurássemos criar em torno de nós uma atmosfera de paz, tranquilidade e bom humor.

Seríamos caridosos se, vez por outra, endereçássemos uma palavra de aplauso e de estímulo às boas causas e não procurássemos, ao contrário, matar a fé e o entusiasmo daqueles que nelas se acham empenhados.

Seríamos caridosos se deixássemos de postular qualquer benefício ou vantagem, desde que verificássemos haver outros direitos mais legítimos a serem atendidos em primeiro lugar.

Seríamos caridosos se, vendo triunfar aqueles cujos méritos sejam inferiores aos nossos, não os invejássemos e nem lhes desejássemos mal.

Seríamos caridosos se não desdenhássemos nem evitássemos os de má vida, se não temêssemos os salpicos de lama que os cobrem e lhes estendêssemos a nossa mão amiga, ajudando-os a levantar-se e limpar-se.

Seríamos caridosos se, possuindo alguma parcela de poder, não nos deixássemos tomar pela soberba, tratando os pequeninos de condição, sempre com doçura e urbanidade, ou, em situação inversa, soubéssemos tolerar, sem ódio, as impertinências daqueles que ocupam melhores postos na paisagem social.

Seríamos caridosos se, por sermos mais inteligentes, não nos irritássemos com a inépcia daqueles que nos cercam ou nos servem.

Seríamos caridosos se não guardássemos ressentimento daqueles que nos ofenderam ou prejudicaram, que feriram o nosso orgulho ou roubaram a nossa felicidade, perdoando-lhes de coração.

Seríamos caridosos se reservássemos nosso rigor apenas para nós mesmos, sendo pacientes e tolerantes com as fraquezas e imperfeições daqueles com os quais convivemos, no lar, na oficina de trabalho ou na sociedade.

E assim, dezenas ou centenas de outras circunstâncias poderiam ainda ser lembradas, em que, uma amizade sincera, um gesto fraterno ou uma simples demonstração de simpatia, seriam expressões inequívocas da maior de todas as virtudes.

As leis morais

Nós, porém, quase não nos apercebemos dessas oportunidades que se nos apresentam, a todo instante, para fazermos a caridade.

Por quê?

É porque esse tipo de caridade não transpõe as fronteiras de nosso mundo interior, não transparece, não chama a atenção, nem provoca glorificações.

Nós traímos, empregamos a violência, tratamos os outros com leviandade, desconfiamos, fazemos comentários de má-fé, compartilhamos do erro e da fraude, mostramo-nos intolerantes, alimentamos ódios, praticamos vinganças, fomentamos intrigas, espalhamos inquietações, desencorajamos iniciativas nobres, regozijamo-nos com a impostura, prejudicamos interesses alheios, exploramos os nossos semelhantes, tiranizamos subalternos e familiares, desperdiçamos fortunas no vício e no luxo, transgredimos, enfim, todos os preceitos da caridade, e, quando cedemos algumas migalhas do que nos sobra ou prestamos algum serviço, raras vezes agimos sob a inspiração do amor ao próximo; via de regra fazemo-lo por mera ostentação, ou por amor a nós mesmos, isto é, tendo em mira o recebimento de recompensas celestiais.

Quão longe estamos de possuir a verdadeira caridade!

Somos, ainda, demasiadamente egoístas e miseravelmente desprovidos do espírito de renúncia para praticá-la...

Mister se faz, porém, que a exercitemos, que aprendamos a dar ou sacrificar algo de nós mesmos em benefício de nossos semelhantes, porque "a caridade é o cumprimento da Lei".

(q. 886 a 889.)

43
AS PAIXÕES

A Doutrina Espírita nos ensina que todas as paixões têm como princípio originário uma necessidade ou um sentimento natural, colocados em nosso âmago com o fim de estimular-nos ao trabalho e à conquista da felicidade.

"Deus é Amor" e, ao criar-nos, fez-nos participantes de sua natureza, isto é, dotados dessa virtude por excelência, carecendo apenas que a desenvolvamos e a depuremos, até a sublimação.

Houve por bem, então, tornar-nos sensíveis ao prazer para que cada um de nós, buscando-o, cultivasse o amor a si mesmo, para, numa outra etapa, ser capaz de estender esse amor aos semelhantes.

Pode parecer que a busca do prazer pessoal seja uma forma errônea, por sumamente egoísta, para que possa conduzir-nos à efetivação desse grandioso desiderato. Deus, porém, em sua onisciência, sempre escolhe os melhores caminhos possíveis para o nosso progresso, e se assim há determinado é porque sabe que, sem experimentarmos, antes, quanto é bom o amor que nos devotamos e ao qual tudo sacrificamos, jamais chegaríamos ao extremo oposto, de sacrificar-nos por amor a outrem.

Os gozos que o mundo nos proporciona, entretanto, são regulados por Leis divinas, que lhes estabelecem limites em função das reais necessidades de nosso corpo físico e dos justos anseios de nossa alma, e transpô-los ocasiona consequências tanto mais funestas quanto maiores sejam os desmandos cometidos.

Nisto, como em todo aprendizado que lhe cumpra fazer, seja de um ofício, de uma arte, ou do exercício de um poder qualquer, o homem começa causando, a si mesmo e ao próximo, mais prejuízos que benefícios.

É que, em sua imensa ignorância, não sabe distinguir o uso do abuso, exagera suas necessidades e sentimentos, e é aí, no excesso, que aquelas e estes se transformam em paixões, provocando perturbações danosas ao seu organismo e ao seu psiquismo.

Apresentemos alguns exemplos:

Alimentar-nos é um imperativo da natureza, cujo atendimento é coisa que nos dá grande satisfação. Quantos, entretanto, façam dos "prazeres da mesa" a razão de sua existência, rendendo-se à glutonaria, mais dias, menos dias, terão que pagar, com a enfermidade, senão mesmo com a morte, o preço desse mau hábito.

Muito natural o nosso desejo de preparar dias melhores para nós e a nossa família, bem assim as lutas a que nos entregamos e os sacrifícios que nos impomos visando a tal objetivo. Todavia, é preciso que essa preocupação pelo futuro não ultrapasse os limites do razoável, para que não se converta em obsessão.

A recreação, por outro lado, é uma exigência de nosso espírito, e os entretenimentos ocasionais valem por excelentes fatores de higiene mental. Infelizes, no entanto, os que, seduzidos pelas emoções de uma partida de baralho ou de víspora, pelo lucro fácil de um lance na roleta, ou quejandos, se deixem dominar pelo jogo! A desgraça não tardará a abatê-los, como abatidos têm sido todos quantos se escravizam a essa terrível viciação.

Calor excessivo ou frio intenso podem forçar-nos, vez por outra, a um refrigerante gelado ou a uma dose alcoólica, com o que nos dessedentamos ou nos reconfortamos gostosamente. Mas todo cuidado será pouco para não descambarmos para a bebedice, pois seus malefícios, provam-no as estatísticas, assumem características de verdadeiro flagelo social.

Todos nós sentimos necessidade de dar e receber carinho, já que ninguém consegue ser feliz sem isso. É de todo conveniente, entretanto, repartir nosso afeto com os que pertencem ao nosso círculo familiar, estendê-lo a amigos e outros semelhantes, evitando concentrá-lo em uma só pessoa, fazendo depender unicamente dela o nosso interesse pela vida, pois, ao perder esse alguém, poderemos sofrer um golpe doloroso demais para ser suportado sem perda do equilíbrio espiritual.

Não há quem não deseje autoafirmar-se, mediante a realização de algo que corresponda às suas tendências dominantes, e daí porque alguns se atiram, com inusitado entusiasmo, a determinados estudos, outros se empolgam na procura ou no apuramento de uma nova técnica com que sonham projetar-se na especialidade de sua predileção, e outros ainda descuidam de tudo e de todos para devotar-se, inteiramente, às atividades artísticas ou científicas que os abrasam. Importa, porém, acautelar-nos com o perigo do monoideísmo, responsável por neuroses ou insânias de difícil recuperação.

Como se vê, o princípio das paixões nada tem de mau, visto que "assenta numa das condições providenciais de nossa existência", podendo inclusive, em certos casos e enquanto governadas, levar o homem a feitos nobilitantes.

Todo mal, repetimo-lo, reside no abuso que delas se faz.

As leis morais

Urge, portanto, que, na procura do melhor, do que nos traga maior soma de gozo, aprendamos a respeitar as leis da vida, para que elas, inexoráveis como são, não se voltem contra nós, compelindo-nos a penosos processos de reajuste e reequilíbrio.

(q. 907 a 912.)

— 44 —
O EGOÍSMO

Não é preciso ser versado em Psicologia para perceber que a fonte de todos os vícios que caracterizam a imperfeição humana é o egoísmo. Dele dimanam a ambição, o ciúme, a inveja, o ódio, o orgulho e toda sorte de males que infelicitam a humanidade, pelas mágoas que produzem, pelas dissensões que provocam e pelas perturbações sociais a que dão ensejo.

Vemo-lo manifesto neste mundo sob as mais variadas formas, a saber:

egoísmo individual,

egoísmo familiar,

egoísmo de classe,

egoísmo de raça,

egoísmo nacional,

egoísmo sectário.

Em seu aspecto individual, funda-se num sentimento exagerado de interesse pessoal, no cuidado exclusivo de si mesmo, e no desamor a todos os outros, inclusive os que habitam o mesmo teto, os quais, não raro, são os primeiros a lhe sofrerem os efeitos.

O egoísmo familiar consiste no amor aos pais, irmãos, filhos, enfim àqueles que estão ligados pelos laços da consanguinidade, com exclusão dos demais. Limitados por esse espírito de família, são muitos, ainda, os que desconhecem que todos somos irmãos (porque filhos de um só Pai celestial), e se furtam a qualquer expressão de solidariedade fora do círculo restrito da própria parentela.

O egoísmo de classe se faz sentir através dos movimentos reivindicatórios tão em voga em nossos dias. Ora é uma classe profissional que entra em greve, ora é outra que promove dissídio, ou são servidores públicos que pressionam os governos a fim de forçar o atendimento às suas exigências, agindo cada grupo tão somente em função de suas conveniências, sem atentar para o desequilíbrio e os sacrifícios que isso possa custar à coletividade.

O egoísmo de raça é responsável, também, por uma série de dramas e conflitos dolorosos. Que o digam os negros, vítimas de cruéis discriminações em várias partes do mundo, assim como os enamorados que, em tão grande número, não puderam tornar-se marido e mulher, consoante os anseios de seus corações, porque os prejuízos raciais de seus familiares falaram mais alto, impedindo a concretização de seus sonhos de felicidade.

O egoísmo nacional é o que se disfarça ou se esconde sob o rótulo de "patriotismo". Habitantes de um país, a pretexto de engrandecer sua pátria, invadem outros países, escravizam-lhes as populações, destroem-lhes a nacionalidade, gerando, assim, ódios insopitáveis que, mais dia menos dia, hão de explodir em novas lutas sanguinolentas.

O egoísmo sectário é aquele que transforma crentes em fanáticos, a cujos olhos só a sua igreja é verdadeira e salvadora, sendo, todas as outras, fontes de erro e de perdição, fanáticos aos quais se proíbe de ouvir ou ler qualquer coisa que contrarie os dogmas de sua organização religiosa, aos quais se interdita auxiliar instituições de assistência social cujos dirigentes tenham princípios religiosos diversos do seu, e aos quais se inculca ser um dever de consciência defender tamanha estreiteza de sentimentos.

Esse tipo de egoísmo é, seguramente, o mais funesto, por se revestir de um fanatismo religioso, obstando que os ingênuos e desprevenidos o reconheçam pelo que é, na realidade.

Foi esse egoísmo sectário que, no passado, promoveu as chamadas guerras religiosas e a "santa" Inquisição, de tão triste memória, infligindo torturas e mortes excruciantes a centenas de milhares de homens, mulheres e crianças, e, ainda hoje, desperta, acoroçoa e mantém a animosidade entre milhões de criaturas, retardando o estabelecimento daquela Fraternidade universal que o Cristo veio preparar com o seu Evangelho de Amor.

O Espiritismo, pela poderosa influência que exerce no homem, fazendo-o sentir-se um ser cósmico, destinado a ascender pelo progresso moral as mais esplendorosas moradas do Infinito, é o mais eficaz antídoto ao veneno do egoísmo; praticá-lo é, pois, trilhar o caminho da evolução e preparar-se um futuro incomparavelmente mais feliz!

(q. 913 a 917.)

45
CONHECE-TE A TI MESMO

A felicidade foi, é e será sempre a maior e a mais profunda aspiração do homem.

Ninguém há que não deseje conquistá-la, tê-la como companheira inseparável de sua existência.

Raros, no entanto, aqueles que a têm conseguido.

É que grande parte dos terrícolas, não se conhecendo a si mesmos, quais "imagem e semelhança de Deus", e ignorando os altos destinos para que foram criados, não compreendem ainda que a verdadeira felicidade não consiste na posse nem no desfrute de algo que o mundo nos possa dar e que, em nos sendo negado ou retirado, nos torna infelizes.

Com efeito, aquilo que venha de fora ou dependa de outrem (bens materiais, poder, fama, glória, comprazimento dos sentidos, etc.) é precário, instável, contingente. Não nos pode oferecer, por conseguinte, nenhuma garantia de continuidade. Além disso, conduz fatalmente à desilusão, ao fastio, à vacuidade.

"O reino dos Céus está dentro de vós", proclamou Jesus.

Importa, então, que cultivemos nossa alma, a "pérola" de subido preço de que nos fala a parábola, e cuja aquisição compensa o sacrifício de todos os tesouros de menor valor a que nos temos apegado, porquanto é na autorrealização espiritual, no aprimoramento de nosso próprio ser, que haveremos de encontrar a plenitude da paz e da alegria com que sonhamos.

A Doutrina Espírita, em exata consonância com os ensinamentos do Mestre, elucida-nos que, tanto aqui na Terra como no outro lado da vida, a felicidade é inerente e proporcional ao grau de pureza e de progresso moral de cada um.

"Toda imperfeição" – di-lo Kardec – "é causa de sofrimento e de privação de gozo, do mesmo modo que toda perfeição adquirida é fonte de gozo e atenuante de sofrimentos. Não há uma só ação, um só pensamento mau que não acarrete funestas e inevitáveis consequências, como não há uma só qualidade boa que se perca. Destarte, a alma que tem dez imperfeições, por exemplo, sofre mais do que a que tem três ou quatro; e quando dessas dez imperfeições não lhe restar mais que metade ou um quarto, menos sofrerá. De todo extintas, a alma será perfeitamente feliz."

Pela natureza dos seus sofrimentos e vicissitudes na vida corpórea, pode cada qual conhecer a natureza das fraquezas e mazelas de que se ressente e, conhecendo-as, esforçar-se no sentido de vencê-las, caminhando, assim, para a felicidade completa reservada aos justos.

A máxima – *nosce te ipsum* (conhece-te a ti mesmo) – inscrita no frontão do templo de Delfos e atribuída a um dos mais sábios filósofos da Antiguidade, constitui-se até hoje a chave de nossa evolução, isto é, continua sendo o melhor meio de melhorar-nos e alcançarmos a bem-aventurança.

É verdade que esse autoconhecimento não é muito fácil, já que nosso amor-próprio sempre atenua as faltas que cometemos, tornando-as desculpáveis, assim como rotula como qualidades meritórias o que não passa de vícios e paixões.

Urge, porém, que aprendamos a ser sinceros com nós mesmos e procuremos aquilatar o real valor de nossas ações, indagando-nos como as qualificaríamos se praticadas por outrem.

Se forem censuráveis em outra pessoa, também o serão em nós, eis que "Deus não usa de duas medidas na aplicação de sua justiça".

Será útil conhecermos, igualmente, qual o juízo que delas fazem os outros, principalmente aqueles que não pertencem ao círculo de nossas amizades, porque, livres de qualquer constrangimento, podem estes expressar-se com mais franqueza.

Uma entidade sublimada, em magnífica mensagem a respeito, aconselha-nos:

[...] Aquele que (possuído do propósito de melhorar-se, a fim de extirpar de si os maus pendores, como de seu jardim arranca as ervas daninhas) todas as noites evocasse todas as ações que praticara durante o dia e inquirisse de si próprio o bem ou o mal que houvera feito [...], grande força adquiriria para se aperfeiçoar, porque, crede-me, Deus o assistiria. Dirigi, pois, a vós mesmos perguntas, interrogai-vos sobre o que tendes feito e com que objetivo procedestes em tal ou qual circunstância, sobre se fizeste alguma coisa que, feita por outrem, censuraríeis. Perguntai ainda mais: "Se aprouvesse a Deus chamar-me neste momento, teria que temer o olhar de alguém, ao entrar de novo no mundo dos Espíritos, onde nada pode ser ocultado?". Examinai o que pudestes ter obrado contra Deus, depois contra o vosso próximo e, finalmente, contra vós mesmos. As respostas vos darão, ou o descanso para a vossa consciência, ou a indicação de um mal que precise ser curado. [...] Não trabalhais todos os dias com o fito de juntar haveres que vos garantam repouso na velhice? Não constitui esse repouso o objeto de todos os vossos desejos, o fim que vos faz suportar fadigas e privações temporárias? Pois bem! que é esse descanso de alguns dias, turbado sempre pelas enfermidades do corpo, em comparação com o que espera o homem de bem? [...] (q. 919.)

Leitor amigo: não acha que vale a pena pôr em prática tão preciosas recomendações?

EDIÇÕES DE AS LEIS MORAIS

EDIÇÃO	IMPRESSÃO	ANO	TIRAGEM	FORMATO
1	1	1968	5.270	12,5x17,5
2	1	1983	3.100	12,5x17,5
3	1	1983	5.100	12,5x17,5
4	1	1987	5.100	12,5x17,5
5	1	1989	10.200	12,5x17,5
6	1	1991	10.000	12,5x17,5
7	1	1997	3.000	12,5x17,5
8	1	1998	5.000	12,5x17,5
9	1	2001	3.000	12,5x17,5
10	1	2004	1.000	12,5x17,5
11	1	2004	1.000	12,5x17,5
12	1	2005	2.000	12,5x17,5
13	1	2006	1.000	12,5x17,5
14	1	2007	2.000	14x21
14	2	2008	2.000	14x21
15	1	2009	3.000	14x21
15	2	2010	2.000	14x21
15	3	2013	3.000	14x21
15	4	2014	2.000	14x21
15	5	2016	2.000	13,8x21
15	6	2018	1.000	14x21
15	IPT*	2023	50	14x21
15	IPT	2024	200	14x21
15	IPT	2024	250	14x21
15	IPT	2024	250	14x21

*Impressão pequenas tiragens

www.febeditora.com.br
@febeditoraoficial
@febeditora

Conselho Editorial:
Carlos Roberto Campetti
Cirne Ferreira de Araújo
Evandro Noleto Bezerra
Geraldo Campetti Sobrinho – Coord. Editorial
Jorge Godinho Barreto Nery – Presidente
Maria de Lourdes Pereira de Oliveira
Miriam Lúcia Herrera Masotti Dusi

Produção Editorial:
Elizabete de Jesus Moreira

Revisão:
Elizabete de Jesus Moreira

Capa:
Wallace Carvalho da Silva

Projeto gráfico e diagramação:
Luisa Jannuzzi Fonseca

Foto de capa:
Melhi/ iStockphoto

Normalização técnica:
Biblioteca de Obras Raras e Documentos Patrimoniais do Livro

Esta edição foi impressa no sistema de Impressão pequenas tiragens, em formato fechado de 140x210 mm e com mancha de 113x170 mm. Os papéis utilizados foram Off white 80 g/m² para o miolo e o Cartão 250 g/m² para a capa. O texto principal foi composto em Adobe Garamond Pro 12/15 e os títulos em Adobe Garamond Pro 20/30. Impresso no Brasil. *Presita en Brazilo.*